KB267949

시작한 날   년   월   일

마지막 날   년   월   일

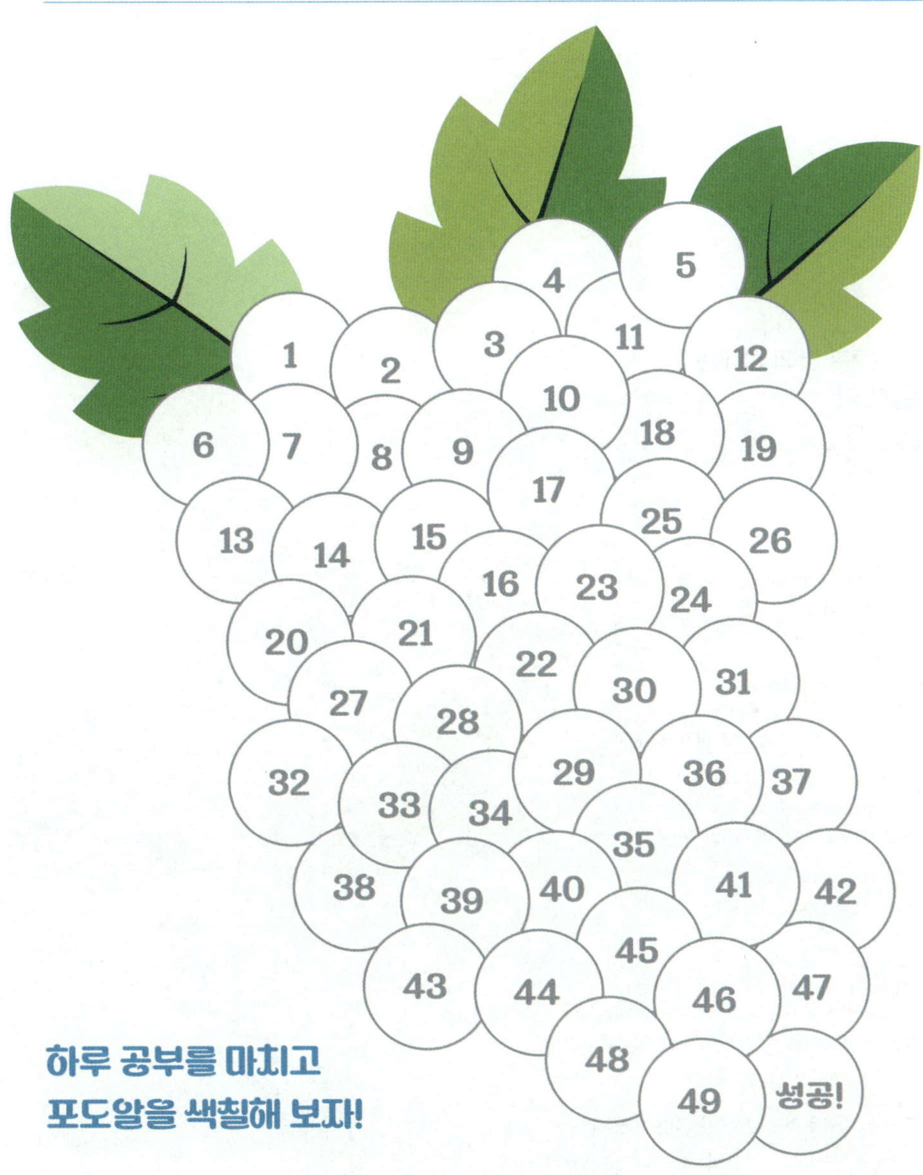

하루 공부를 마치고
포도알을 색칠해 보자!

1일 1주제 9분 만에 끝내는
119 글쓰기

초판 1쇄 발행 2025년 12월 30일

지은이 이윤정

펴낸이 윤주용
편집 도은주, 류정화 | 마케팅 조명구 | 홍보 박미나
외주편집 장기영, 박미선

펴낸곳 초록비책공방
출판등록 2013년 4월 25일 제2013-000130
주소 서울시 마포구 동교로27길 53 308호
전화 0505-566-5522 | 팩스 02-6008-1777

메일 greenrainbooks@naver.com
인스타 @greenrainbooks @greenrain_1318
블로그 http://blog.naver.com/greenrainbooks

ISBN 979-11-24126-08-0 (44080)
　　　979-11-24126-02-8 (세트)

어려운 것은 쉽게 쉬운 것은 깊게 깊은 것은 유쾌하게

초록비책공방은 여러분의 소중한 의견을 기다리고 있습니다.
원고 투고, 오탈자 제보, 제휴 제안은 greenrainbooks@naver.com으로 보내주세요.

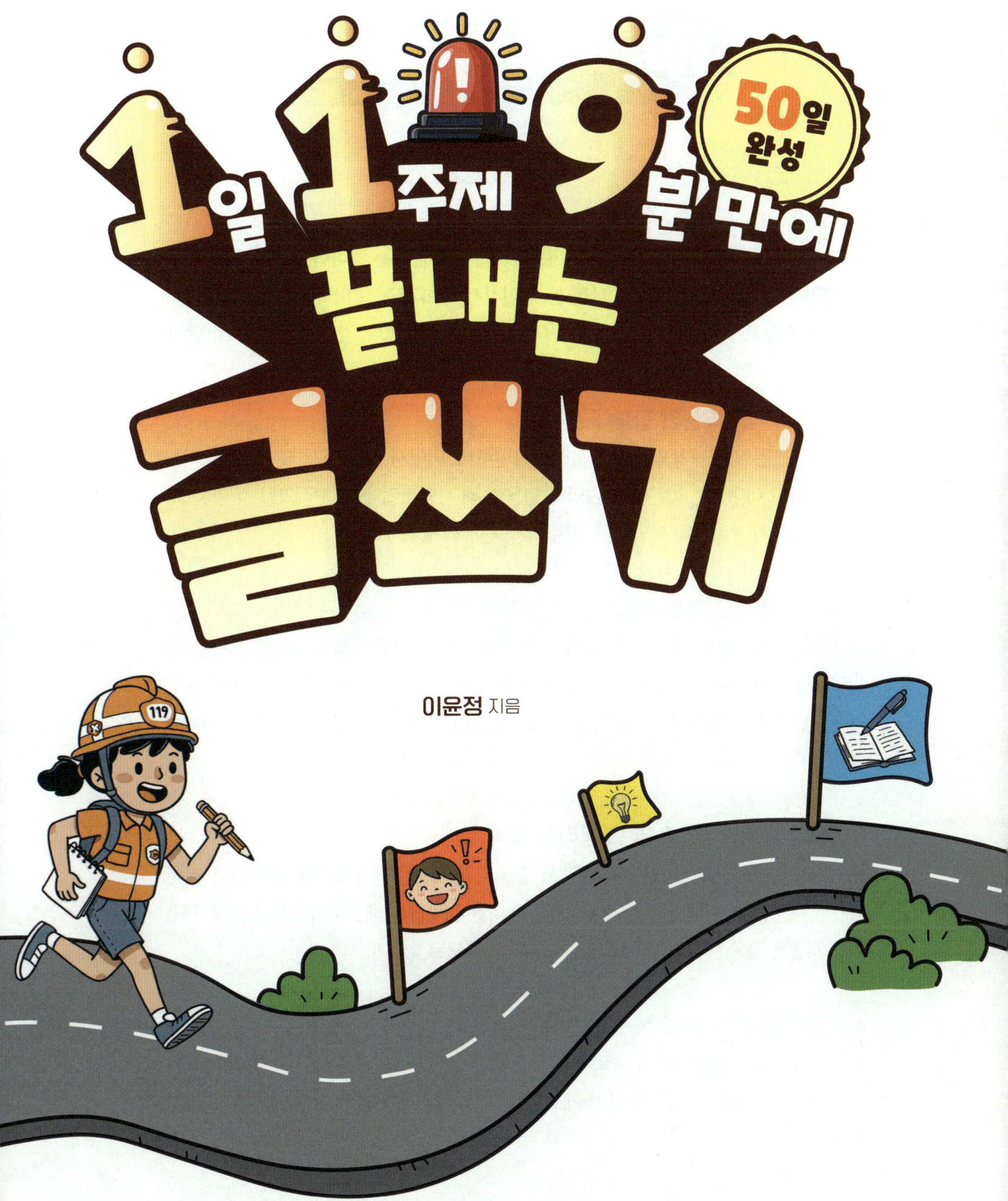

50일 완성
1일 1주제 9분 만에
끝내는
글쓰기
119
이윤정 지음
초록비책공방

119 시리즈는 하루 9분, 하나의 주제로 공부 습관을 만드는 책이야. 교실에서 아이들과 함께해 온 현장 선생님들이 직접 쓴 책이라서 너희가 꼭 알아야 할 개념과 생각하는 방법을 쉽고 정확하게 알려줄 거야. 이 책을 더 잘 활용할 수 있는 방법을 소개할게.

1. 하루 한 꼭지, 9분만 집중해 볼까?

119 시리즈는 '읽기 → 생각하기 → 정리하기' 순서로 이어져 있어. 먼저 질문으로 호기심을 열어주고 이어지는 짧은 이야기와 설명을 통해 자연스럽게 개념을 익힐 수 있지. 하루 2~4페이지 분량이라 부담 없고 꾸준히 하기에 딱 좋아.

2. 교과와 연계된 학습 키워드로 중심 잡기

각 꼭지는 학교에서 배우는 교과 단원과 연결되어 있고, 교과 개념과 연결된 학습 키워드를 중심으로 내용이 이루어져 있어. '왜 이걸 배우는지', '교과에서 어디와 연결되는지'를 자연스럽게 이해할 수 있지. 학교 수업과 함께 보면 훨씬 더 깊게 이해되고 복습 효과도 좋아.

3. 배운 내용을 '나만의 말'로 정리해 보기

이 책은 단순히 외우는 공부보다 생각 흐름을 따라 개념을 이해하도록 되어 있어. 본문 중간에 나오는 질문에 스스로 답해 보면 "아, 나는 이렇게 이해했구나!" 하고 정리가 돼. 이런 과정은 바로 논술형 평가에서 필요한 사고력으로 이어져.

4. <실력 쑥쑥 119>로 바로 복습하기

각 꼭지 바로 뒤에는 <실력 쑥쑥 119> 문제가 있어. 오늘 배운 내용을 잘 이해했는지 스스로 확인할 수 있고 중요한 개념만 다시 한 번 떠올릴 수 있어서 공부 효과가 훨씬 커져.

5. <더 알아보기 119>로 배움을 확장하기

선생님이 직접 고른 책·영상·사이트가 매 꼭지마다 소개되어 있어. 궁금한 내용을 조금 더 깊게 알고 싶거나 호기심이 생긴 부분이 있다면 여기 있는 자료들을 통해 탐구를 이어가 봐. 스스로 공부를 확장하는 힘을 자연스럽게 기를 수 있어.

6. <진로 119> 코너로 배움과 미래를 연결해 보기

각 챕터 끝에는 <진로 119> 코너가 있어. 오늘 배운 내용이 어떤 직업과 연결되는지 알려 주고 내가 좋아할 만한 분야가 무엇인지 생각해 볼 수 있어. 공부와 진로를 따로 떼어 놓지 않고 자연스럽게 이어주는 구성이야.

7. 매일 9분, 꾸준함이 진짜 실력이야

하루 9분은 짧아 보이지만 매일 쌓이면 사고력·문해력·기초 개념·교과 이해도가 놀랍게 자라게 돼. 119 시리즈와 함께 익숙한 교과 내용을 새로운 이야기와 질문으로 만나다 보면 자기만의 공부 루틴이 단단하게 자리 잡을 거야.

나는 이미 나만의 이야기를 써 나가고 있는 작가

아침에 눈을 뜨고 잠들기 전까지 우리는 하루 종일 '글' 속에서 살아가고 있어. 현관문에 붙은 전단지, 교과서 속 글, 물건을 살 때 들어 있는 설명서, SNS에 올린 글, 여행지 안내문, 인터넷 검색 결과까지 모두 다 글이야. '글'이라고 하면 뭔가 거창하게 느껴질 수 있지만 사실 글은 우리 일상에 자연스럽게 스며들어 있어. 책이나 신문에 쓰인 것만 글이 아니고 작가만 글을 쓰는 것도 아니야.

여러분은 이미 여러 순간에 자기만의 이야기를 글로 써 왔어. 하루를 기록한 일기, 친구에게 보낸 편지나 문자, 책을 읽고 쓴 감상문, 사진과 함께 남긴 SNS 글, 학교에서 쓴 보고서나 주장하는 글까지. 이렇게 보면 여러분의 일상은 이미 글로 가득 차 있어. '난 작가가 아니야'라고 생각했을지도 모르지만 사실 여러분은 이미 자신만의 이야기를 써 나가고 있는 작가야. 여러분의 글은 가족과 친구, 선생님뿐만 아니라 SNS를 통해 모르는 사람에게까지 닿고 있으니까.

세상은 혼자서는 살 수 없어서 우리는 늘 누군가와 소통하며 살아가고 그때 글은 아주 중요한 도구가 돼. 글은 내가 누구인지 보여주고 내 마음을 전하고 다른 사람을 설득하게 도와주지.

쉽지는 않지만 글로 자기 생각을 정확히 표현할 줄 아는 사람은 훨씬 더 수월하게 소통할 수 있어. 그래서 꼭 작가가 되지 않더라도 논술 시험에 좋은 점수를 받지 않더라도 글쓰기를 배우는 게 중요해.

여러분의 글이 더 잘 전달되고 더 멋진 소통의 도구가 되려면 글쓰기를 제대로 배워야 해. 단순히 내 생각을 그대로 전달하는 글이 아니라 읽는 사람이 귀 기울이게 만드는 매력적인 글쓰기 방법을 배우는 거지. 그렇게 하면 여러분은 자신만의 이야기를 더 빛나게 써 내려갈 작가로 자라날 수 있을 거야.

이 책은 단순히 공부만을 위한 책이 아니야. 여러분이 자신의 생각을 똑똑하게 표현하고 글을 통해 세상과 소통하는 방법을 배우게 해 주는 책이지. 나중에 어른이 돼서 누군가와 협력하거나 설득해야 할 때, 또는 내 생각을 분명하게 말하고 스스로를 지켜야 할 때, 글쓰기는 여러분에게 든든한 무기가 되어 줄 거야.

이 책을 읽는 여러분 모두가 글쓰기를 통해 자기 목소리를 세상에 내놓는 즐거움을 경험하고, 즐겁게 소통하며, 자신 있게 살아가길 진심으로 응원해.

- 여러분의 다채로운 글쓰기를 응원하는 윤정쌤이

차 례

4부. 직접 써 보고 다듬으며 글쓰기 실력을 키우자

5부. 완성도를 높이는 마지막 한 걸음, 고쳐쓰기

1부
말로는 부족해,
글로 세상을 만나다

글쓰기는 세상과 통하는 가장 강력한 무기야

글은 세상과 더 자주, 더 많이 만날 수 있게 하는 강력한 소통의 도구

우리는 혼자 살 수 없고, 항상 다른 사람들과 소통해야 해. 말과 글은 우리 생각을 전하고, 다른 사람의 생각을 받아들이는 중요한 도구야. 그 중에서도 글은 시간과 장소에 상관없이 사용할 수 있는 특별한 힘을 가지고 있어. 마법의 도구처럼 말이야. 글이 가진 마법 같은 힘을 알아볼까?

학습 키워드　#자기표현　#의사소통도구　#시공간의제약

교과 연계　초6 〉 국어 〉 쓰기에 적극적으로 참여하며 자신의 글을 독자와 공유하는 태도를 지닌다
　　　　　　초4 〉 국어 〉 목적과 주제를 고려하여 독자에게 마음을 전하는 글을 쓴다.

　말과 글은 우리가 다른 사람과 의사소통하는 도구야. 우리가 생각만 하고 아무 말도 하지 않으면 다른 사람과 소통할 수 없겠지? 만약 말을 하거나 글을 쓰지 못한다면 어떤 문제가 생길까? 아래 예시를 보고 이야기해 보자.

① 생존을 위한 소통	② 감정의 소통	③ 정보의 소통
"배가 너무 고파."	"뿌듯해."	"10월 29일 10시에 만나."
"절벽 조심해."	"서운해."	"윤진이가 축구를 했대."
"머리가 너무 아파."	"속상해."	"초록비 공방에 놀러 와."
"태풍이 몰려와."	"설레."	"노래 말고, 춤을 춰야 해."

　①의 말들을 제대로 하지 못하거나 이해하지 못하면 아프거나 위험한 상황에서 도움을 요청하기 어려워 생존에 문제가 생겨. ②처럼 감정

표현하는 말을 하지 못하거나, 이해하지 못하면 다른 사람과 오해가 생길 수도 있어. ③처럼 정보를 정확하게 주고받아야 할 때 제대로 주고받지 못하면 엉뚱한 행동을 하거나 중요한 일을 놓칠 수 있어.

글을 통한 의사소통의 중요성

글도 말처럼 생각을 전달하는 수단이라서 글로 제대로 소통하는 방법을 익히지 않으면 의사소통에 어려움이 생겨. '작가가 될 것도 아닌데 글을 잘 쓰는 능력이 꼭 필요할까?', '글 대신 말로 소통하면 되는데 글쓰기를 꼭 배워야 하는 걸까?' 하고 생각할지도 모르지만, 실제로는 그렇지 않아. 우리가 의식하지 못하지만, 말보다 글로 의사소통하는 일이 훨씬 많거든. 안 믿어진다고?

우리가 누군가와 대화하는 상황을 떠올려 볼까? 일상에서 가족이나 친구들과 이야기하는 상황이 떠오를 거야. 집이나 학교, 음식점 같은 공간도 함께 떠오를 거고. 일반적으로 '말'로 소통이 되는 경우는 상대방과 같은 시간, 같은 장소에 있을 때야. 서로 멀리 떨어져 있으면 말로 소통할 수 없어. 서로의 말이 들리지 않으니까. 전화로 소통할 수도 있지만 이때도 상대방과 내가 같은 시간에 있어야 하는 제약이 있어. 친구가 시차가 큰 외국에 있으면 '같은 시간'이라는 조건을 맞추기 위해 한 명은 잠잘 시간에 깨어 있어야 전화를 할 수 있으니까. 말로 하는 의사소통은 이렇게 시간이나 공간의 제약을 받아. 하지만 글은 달라. 시간과 공간의 제약에서 자유롭지. 또 말이 갖지 못한 장점도 있어. 예를 한 번 들어볼까?

전달 사항을 말로 전하려면 전달 대상이 되는 친구들을 모두 직접 만나 이야기해야 해. 점심시간에 교실에 들어오지 않고 밖에서 노는 친구들을 일일이 찾아다니는 건 귀찮은 일일 거야. 전화하면 된다고? 전화해서 안 받으면 결국 우린 메시지를 남기게 돼. 서로 같은 시간에 소통할 수 없는 상황에서 결국 '글'이라는 수단을 쓰는 거야. 이렇게 글을 사용하면, 현재의 '나'가 '미래', 즉 10분 혹은 20분 뒤 교실로 들어올 친구에게 전할 말을 미리 써둘 수 있어. 글은 시간 제약이 없는 거야.

공간의 제약도 없어. '말'은 전화하는 경우가 아니라면 대화하는 사람들이 모두 같은 공간에 있어야 해서 친구가 있는 데로 가서 말해야 하지만, 글로 남기는 경우엔 그럴 필요가 없어. 게다가 한 번만 쓰면 여러 친구가 확인할 수 있어서 번거롭게 여러 번 같은 말을 되풀이할 필요가 없어. 오! 경제적이기까지 해.

시공간을 넘어서 소통하게 해 주는 글의 강력한 힘은 과거에서 오늘날까지 우리 인류가 번성하고 발전하게 해 줬어. 인류 문명은 문자가 생긴 뒤 급격하게 발전했어. 옛날 사람들이 지금 여기 없어도, 기록이 글로 쌓여 인류를 발전시킨 거야. 그런데 오늘날 '글'의 파급력은 예전보다 더 커졌어. 과거엔 종이로 전해졌던 글이 오늘날에는 디지털 신호로 바뀌어 전파되면서 그 속도가 엄청 빨라졌거든. 휴대폰 문자 서비스, 이메일, SNS로 글을 쓰면 '보내기' 버튼을 누르는 순간 불특정 다수에게 순식간에 전달될 수 있어. 그만큼 자기 생각을 많은 사람에게 전달하기 편해진 거야. 시공간을 초월한 마법 같은 힘이 더 강력해진 게 느껴지지? 그런데 이렇게 글의 힘이 강력해진 만큼 제대로 된 글을 쓰는 것이 더욱 중요해졌어. 소통 능력이 강하기 때문에 잘못 사용하면 부작용이나 오해가 생길 수 있기 때문이야.

강력한 의사소통 무기를 제대로 사용할 수 있는지 없는지는 우리가 글을 얼마나 잘 다루느냐에 따라 달라져. 노트에 적는 글, SNS에 적는 글 등 글이 가진 특징을 제대로 알고, 전략적으로 글을 쓸 수 있을 때 우리는 강력한 절대 무기를 갖게 되는 거야. 이제부터 이 책으로 무기를 하나하나 늘려 가고, 능력치를 높여 가길 바라.

1. 다음 빈칸에 알맞은 말은?

> 1) 전화를 통한 의사소통은 직접 만남을 통한 의사소통에 비해 _______의 제약을 받지 않는다.
> 2) 말이 아닌 글로 의사소통하게 되면 _______(와)과 _______의 제약을 받지 않을 수 있어서 더 많은 대상에게 내 생각을 전할 수 있게 된다.

2. 다음 초성 힌트를 보고 알맞은 말을 써 보자.

> SNS 글쓰기는 _________ 다수에게 빠르게 전달되므로 주의할 필요가 있다.

3. 글로 하는 의사소통과 말로 하는 의사소통의 공통점과 차이점을 아래 벤 다이어그램에 적어 보자.

글로 하는 의사소통
시간과 공간의 제약이
있음 / 없음

공통점
_______ (을)를
전달하는 수단

말로 하는 의사소통
시간과 공간의 제약이
있음 / 없음

4. 말이 아닌 글로 의사소통하게 되면 시간과 공간의 제약을 받지 않을 수 있어서 더 많은 대상에게 내 생각을 전할 수 있게 돼. 내가 쓴 글이 시간을 거슬러 후대에 남는다면 다른 사람들과 소통할 수 있을 글은 무엇이 있을까?

더 알고 싶어 119

📖 도서　▷ 영상　🔍 사이트

📖 『글쓰기의 최전선』 (은유, 메멘토, 2022)
글쓰기를 혼자 하는 게 아니라 함께 소통하며 진행할 수 있음을 보여줘.

▷ 영화 〈잠수종과 나비〉 (2008) 갑작스러운 뇌졸중으로 온몸이 마비된 주인공이 한쪽 눈꺼풀의 움직임으로만 글을 쓰면서 세상과 소통하려는 열망을 담았어.

▷ 죽음을 넘어서는 글쓰기의 힘 (세바시 강연)
자신의 이야기를 글로 남기고 소통하는 것의 힘을 알게 해줘.

쏟아지는 정보 속,
나만의 생각을 지키는 방법은?

검색으로 찾는 방대한 지식도 내가 글로 쓸 수 있을 때 진짜 내 것!

우리는 궁금한 게 생기면 바로 휴대폰이나 컴퓨터를 켜서 검색해.
그러면 우리가 찾는 정보뿐만 아니라 연관된 내용까지 화면 가득 나오지.
하지만 그걸 제대로 이해하고 내 말로 표현할 수 있어야 진짜 내 것이 되는 거야.

학습 키워드　#지식정보화사회 #비판적사고 #창의적사고
교과 연계　초6 〉 국어 〉 알맞은 내용을 선정하여 대상의 특성이 나타나게 설명하는 글을 쓴다.

　　지금 우리가 사는 세상은 온갖 지식과 정보로 넘쳐나고 있어. 옛날에는 사람을 직접 만나거나 전화를 걸어 말한다든지 편지나 책을 통해서만 정보를 전달할 수 있어서 속도가 느렸어. 외국 책을 구하는 것도 어려웠고 구해도 언어가 달라서 이해하기 힘들었지. 그래서 정보가 빠르게 퍼지지 못했어. 그런데 요즘은 컴퓨터와 인터넷 덕분에 전 세계에서 만들어진 정보를 실시간으로 볼 수 있어. 우리가 얻어 낼 수 있는 지식의 양이 무한대가 된 거야. 이렇게 지식과 정보가 넘쳐나는 세상인데 굳이 열심히 공부할 필요가 있을까? 검색만 잘하면 정보를 제대로 활용할 수 있지 않을까?

　　컴퓨터나 휴대폰에서 검색하면 엄청난 양의 정보가 나오지만 그 모든 것이 나에게 항상 도움이 되는 건 아니야. 정보의 양은 많지만 모든

정보가 다 정확한 것도 아니고 나한테 필요한 게 아닐 수도 있거든. 그래서 나에게 필요한 게 무엇인지 판단할 수 있어야 해. 이때 필요한 게 비판적 사고야.

비판적 사고는 정보를 논리적으로 분석하고 평가하는 능력이야. 그냥 읽고 넘어가는 게 아니라, 그 정보가 맞는지, 내게 필요한지 따져 보는 거지. 이 능력을 키우는 데 도움 되는 게 글쓰기야. 정보를 파악하는 능력을 키우는 게 왜 '읽기'도 아닌 '글쓰기'일까?

글을 쓰려면 단순히 정보를 복사해서 붙여넣기만 해서는 안 돼. 다양한 정보를 체계적으로 정리하고 조직해야 하지. 그러다 보면 정보를 깊이 있게 이해하고, 유용한 정보인지 아닌지 판단하는 능력이 생겨. 이렇게 비판적 사고력이 길러지면 쏟아지는 정보 속에서 필요한 것만 골라낼 수 있게 돼.

필요한 정보를 찾았다면 이제 그 정보들에 나만의 창의성을 더해야 해. 창의성이란 새로운 아이디어를 만들어 내는 능력이야. 현대 사회는 빠르게 변하니까, 단순히 지식을 외우는 게 아니라 새롭게 조합할 수 있어야 해. 그것을 활용해 복잡한 문제를 해결하고, 현대 사회에 적응을 하는 거야. 지식 정보화 사회에서 지식의 양은 계속 늘어나고 사회도 빨리 변해. 기존 지식을 수동적으로 받아들이기보다 능동적으로 재구성하고 활용할 수 있어야 그 지식이 진짜 내 것이 돼. 모든 사람이 같은 정보를 가지고 있을 때 '창의성'을 발휘해서 지식과 정보를 자기의 필요성에 맞게 사용할 수 있어야 목표에 도달할 확률이 높아져.

창의성은 글쓰기를 통해 키워 나갈 수 있어. 글을 쓸 때 우리는 정보를 자기 식으로 정리하고, 더 좋은 표현을 고민하고, 읽는 사람 입장에서 다시 생각해 보게 돼. 그러면서 더 적절한 표현도 찾고 논리적으로 전달하려는 과정도 거쳐. 글을 읽는 관점에서 자기의 글을 다시 분석하기도 하지. 이 과정에서 자신의 독창적인 사고를 더하게 돼. 즉 창의적인 사고도 함께 길러지는 거야.

이 과정에서 또 하나 얻는 게 있어. 바로 지식의 확장이야. 글을 쓸 때 같은 내용을 반복해서 들여다보고 비판적으로 생각하다 보면, 인터넷에 떠도는 정보가 나만의 지식으로 소화·흡수되어 진짜 내 지식이 돼. 검색하면 다 나오는 걸 굳이 외울 필요는 없어. 하지만 필요할 때 바로 꺼내 쓸 수 있게 나만의 지식으로 정리해 두는 게 좋아.

1996년 노벨 의학상을 받은 피터 도허티 교수는 이렇게 말했어. "과학을 연구하는 사람은 글을 쓸 줄 알아야 한다. 글을 잘 쓰는 사람은 생각도 명확해 연구를 더 잘한다." 학문의 정점을 찍은 권위자도 글쓰기 과정이 지식을 자기 것으로 만드는 과정이라는 걸 인정한 거야. 우리가 새로운 걸 만들려고 할 때 필요한 재료가 이미 내 손안에 있다면 바로 쓸 수 있겠지? 하지만 일일이 찾아야 한다면 시간이 걸리고 어렵겠지. 마찬가지로 검색해서 찾는 정보와 내 머릿속에서 바로 꺼내 쓸 수 있는 정보는 다르다는 거야. 방대한 정보 중에서 나에게 정말 필요한 것들은 확실히 내 것으로 만들어야 그걸 활용해서 다음 단계로 발전해 갈 수 있어. 그리고 그 과정을 도와주는 것이 바로 글쓰기야.

글을 쓰면서 여러 번 정보를 확인하고 자기 말로 다시 표현하면, 장기 기억으로 전환되어 기억에도 오래 남고 더 깊이 이해할 수 있어. 이런 과정을 자주 거치면 언제든 꺼내 쓸 수 있는 이야기들이 생각 주머니에 가득 차게 돼. 주머니 속 지식들 사이에 연결 고리를 만들어 글을 쓰면 더 창의력 있는 결과물로 경쟁력을 키울 수 있을 거야.

1. 다음 빈칸에 알맞은 말은?

> 1) 넘쳐나는 정보들 속에서 어떤 것이 나에게 진짜 필요한 정보인지, 정확한 정보
>   인지 판단해야 하므로 ___________ 사고가 필요하다.
> 2) ___________ (은)는 새로운 아이디어를 만들어 내는 능력으로 기존 지식을 능
>   동적으로 재구성하는 데 필요하다.

2. 지식 정보 사회에서 얻은 지식을 내 것으로 만드는 방법이 아닌 것은?

① 거짓 정보인지 아닌지 생각해 보기
② 최대한 많은 정보를 읽고 정리하기
③ 정보를 체계적으로 조직해 글로 써 보기
④ 필요한 정보들에 나만의 창의성을 더해 보기
⑤ 나에게 필요한 정보인지 아닌지 생각해 보기

더 알고 싶어 119

📖 도서　　▷ 영상　　🔍 사이트

📖 『열두 발자국』 (정재승, 어크로스, 2023)
　　우리 삶 속에서 창의적 사고와 비판적 사고가 어떻게 발휘되는지 이야기해 줘.

▷ 영화 〈죽은 시인의 사회〉 (1990)
　　창의적이고 비판적인 사고를 통해 세상을 다르게 바라보는 방법을 가르쳐 주고 있어.

▷ [알쓸신잡] AI와의 일자리 경쟁은 벌써 시작되었다? 인간만의 가치를 지키는 방법! 인공
　　지능 시대 속 기회와 희망 (디글) 지식 정보 사회에서 정말 중요한 것은 기술의 발전이 아
　　니라 인간다움을 잃지 않는 것이라는 것을 깨닫게 해줘.

서술·논술형 평가, 미리 준비하면 두렵지 않아

글쓰기 실력이 곧 경쟁력

교육부는 2028년 대입 제도 개편안에서 고등학교 내신을 지식 암기 위주에서 벗어나
서·논술형 평가의 비중을 높여 사고력과 문제 해결력을 높이는 방향으로 나아가겠다고 발표했어.
단순 암기가 아니라 자신의 생각을 글로 표현하는 능력이 필요하다는 의미야.
그렇다면 이런 변화에 어떻게 대비해야 할까?

학습 키워드　#고교내신　#서논술형평가　#2028대입

교과 연계　초4 〉 국어 〉 대상에 대한 자신의 의견과 그렇게 생각한 이유가 드러나게 글을 쓴다.
중3 〉 국어 〉 주장을 뒷받침할 수 있는 타당한 근거를 들고 적절한 표현을 사용하여 주장하는
글을 쓴다.

2023년 10월에 2028년 대학 입시 제도 개편안 발표에서 교육부는 미래 사회를 살아갈 학생들에게 걸맞은 평가가 이루어져야 한다며 고등학교 내신의 평가 방식이 바뀔 거라고 예고했어. 선택형 평가의 비중을 줄이고 서·논술형 평가의 비중을 높이겠다는 내용이야. 왜 이런 방향으로 바뀌는 걸까? 서·논술형 평가의 비중을 높인다는 건 무슨 의미일까?

평가 문항은 크게 선택형과 서답형으로 나뉘어. 학교에서는 대부분 서답형 평가보다 선택형 평가의 비중이 높은 편인데, 이게 뒤바뀌는 변화가 올 거야. 선택형 평가는 지식 암기나 단순 이해 여부를 측정하는 데 초점이 맞춰져 있어서 학생들의 복잡한 사고 과정이나 문제 해결 능력을 제대로 평가하지 못한다는 지적을 계속 받아왔거든. 또 선택형 평가는 정답을 몰라도 5개 중 하나를 찍어서 정답을 맞힐 가능성이 있잖아. 이

렇게 되면 학생의 실제 학업 능력을 정확히 파악할 수 없지.

대분류	소분류	설명
선택형	진위형	주어진 진술이 옳은지 그른지를 O, X로 답하게 하는 방식
	연결형	문항 군과 선택지 군을 두고, 서로 관계 있는 것끼리 연결하게 하는 방식
	선다형	주어진 여러 개의 선택지 중에서 질문에 가장 적절한 답을 고르게 하는 방식
서답형	완성형	제시된 문장이나 글의 빈칸을 가장 적절한 표현으로 채우게 하는 방식
	단답형	제시된 질문에 대하여 간단한 표현으로 답하게 하는 방식
	서술형	제시된 질문에 대하여 정답이라고 생각하는 지식이나 의견 등을 문장이나 문단으로 서술하게 하는 방식
	논술형	제시된 질문에 대한 자기의 생각이나 주장을 창의적이고 논리적으로 서술하게 하는 방식

평가의 목적은 학생들의 수준을 정확하게 파악해서 부족한 부분을 채우고 학습 내용을 제대로 이해하도록 돕는 데 있어. 그런데 정확한 평가가 되지 않으면 부족한 부분도 보완할 수 없고 다음 학습 내용도 따라가기 어려워지지. 그래서 서술형이나 논술형 문제의 비중을 늘리려는 거야. 앞으로 학교 시험에서 서술형·논술형 문제를 만나게 될 텐데 이런 문제를 잘 풀려면 우리는 어떤 능력을 키워야 할까?

서술형의 예 위 시의 각 연에서 시적 화자가 시적 대상에 대해 어떤 태도를 보이고 있는지 구체적인 시어를 근거로 들어 서술하시오.

1연	
2연	

위의 서술형·논술형 문제를 보면 그냥 외우며 공부해서는 답을 쓸 수 없다는 걸 알 수 있어. 예로 나온 서술형 문제를 풀려면 '시적 화자'(시에서 말하는 사람), '시적 대상'(시에서 말하는 대상)이 누구인지 알아야 하고, 화자가 그 대상을 어떻게 생각하는지도 파악해야 해. 객관식 문제였다면 정확하게 몰라도 보기 중에서 힌트를 찾아 풀었을지도 몰라. 하지만 서술형 문제는 다르거든. 기본 개념을 확실히 이해하는 건 물론이고, 그걸 바탕으로 논리적으로 설명할 수 있어야 해. 그것도 말이 아니라 글로!

논술형 문제를 풀려면 더 깊이 있는 사고가 필요해. (가), (나) 글을 정확히 이해하고 있어야 하고, 거기서 다루는 주제에 대해 자신만의 분석과 판단도 있어야 하지. 이 과정을 거쳐 정리한 생각을 글로 또렷하게 표현해야만 좋은 점수를 받을 수 있어.

그냥 아는 내용을 나열하는 것만으로는 부족해. 논리적인 구조를 갖춘 하나의 완결된 글로 답을 써야 해. 학교에서 배운 내용을 아무리 잘 이해하고 있어도, 그걸 '글'이라는 형식을 갖추어 읽는 사람이 알아볼 수 있도록 표현하지 못하면 원하는 점수를 받기 어려워. 이 책에서 알려 주는 다양한 글쓰기 방법으로 꾸준히 연습한다면 좋은 결과를 얻게 될 거야.

1. 다음 문장이 맞으면 O, 틀리면 X를 해 보자.

> 서술형·논술형 문제에 대비하기 위해서는 학습 내용을 외우는 것이 가장 중요하다.
>
> (O / X)

2. 평가 방식과 특징을 바르게 연결해 보자.

ㄱ 선택형(진위형)   ⓐ 여러 개의 선택지 중 가장 적절한 답을 고르게 하는 방식

ㄴ 선택형(선다형)   ⓑ 질문에 대해 정답이라 생각하는 것을 문장이나 문단으로 서술하는 방식

ㄷ 서답형(서술형)   ⓒ 질문에 대한 생각이나 주장을 창의적·논리적으로 서술하는 방식

ㄹ 서답형(논술형)   ⓓ 주어진 진술의 옳고 그름을 O, X로 답하게 하는 방식

3. 다음 빈칸에 알맞은 말은?

> ________ 문항은 외운 지식이나 단순한 이해를 측정하기 때문에 우연히 답을 맞힐 수도 있어서 학생의 복잡한 ________(이)나 문제 해결 같은 실제 학업 능력을 정확히 파악하기 어렵다. 반면 ________ 문항은 내용을 정확히 이해하고 있는지 사고의 과정까지 적어야 하므로 학생의 실제 ________능력 및 이해도를 확인할 수 있다.

4. 서술형·논술형 문제에 대비하기 위해 앞으로 어떻게 공부해야 할지 생각해 적어 보자.

- -

더 알고 싶어 119

📖 도서   ▷ 영상   🔍 사이트

▷ **New 과학 교과 서술형 수행평가 (EB S중학프리미엄)**
과학이라고 되어 있기는 하지만 서술형 수행 평가에 대해 설명하고, 서술형 글쓰기를 대비하는 것의 중요성을 설명하고 있어.

🔍 **학생평가지원포털 - 서·논술형 평가도구**
영역, 과목, 학교급별로 서·논술형 평가에 대한 정보를 찾아볼 수 있는 사이트야.

글로 돌아보는 나의 하루, 나를 성장시키는 힘

목적지를 향해 나아갈 때 '현 위치'를 알 수 있게 해 주는 가장 확실한 방법

우리가 모르는 길을 갈 때 지도를 보잖아. 그때 가장 중요한 건 목적지와 현재 위치야.
내가 어디 있는지 알아야 어디로 가야 할지 무얼 타고 갈 수 있을지 결정할 수 있어.
그럼 내 삶에서 목표를 이루기 위해서도 내 현재 상태를 알아야 하지 않을까?

학습 키워드　#자아성찰　#성장　#자기이해
교과 연계　중1 〉 국어 〉 자신의 삶과 경험을 바탕으로 정서를 진솔하게 표현하는 글을 쓴다.
　　　　　　초6 〉 국어 〉 체험한 일에 대한 감상을 나타내는 글을 쓴다.

　　우리가 목적지를 향해 나아갈 때 목적지뿐 아니라 현재 위치도 알고 있어야 해. 그래야 어느 방향으로 갈지를 정할 수 있으니까. 현재 어딘지도 모르면서 '일단 가보자.'하고 나아가기 시작하면 방황하고 헤맬 수밖에 없어. 아마 걸어가면서도 목적지를 향해 잘 가고 있는지 몰라서 불안할 거야. 그럼, 현재의 위치를 알면 바로 출발해도 될까? 나에게 지금 얼마의 교통비가 있는지, 내가 가진 교통비로 어떤 걸 타고 갈 수 있는지, 그 교통수단을 내가 이용할 수 있는 능력이 있는지도 생각해 봐야 해. 즉 목적지로 가려면 현재의 위치도 알아야 하고 내가 어떤 방법으로 그 목적지까지 갈 것인지도 생각해야 하지.

　　삶을 살아갈 때도 마찬가지야. 내 삶의 목적지로 가기 위해 나를 제대로 알고 분석하는 게 중요해. 이 과정을 '성찰'이라고 해. '자아 성찰', '자기 성찰'이라는 말 들어봤지? 성찰할 때 조용히 내 상태에 대해 '생각'하기만 해도 되지만, '생각'은 구체적 실체가 없어서 막연하고 흐름이 끊어지기 쉬워. 어떤 생각을 하고 있는데 누가 말을 걸거나, 갑자기 배가 고파지면 금세 다른 생각에 빠져든 적이 있을 거야. 이런 부분을 보완하고 내 생각을 눈에 보이게 만들며, 생각을 계속 이어 가게 해 주는 게 바로 '글쓰기'야. 우리는 이미 글쓰기를 통해 자기 성찰을 한 경험이 있지. 바로 일기 쓰기를 통해서 말이야.

자기 성찰 글은 글을 쓰면서 자기 자신을 더 잘 이해할 수 있게 도와줘. '나는 일기를 써서 나를 성숙시킬 거야'라고 생각하며 글을 쓰진 않더라도 글을 쓰면서 모르는 사이에 마음이 단단해지고 조금씩 성장하게 되거든.

글을 쓰는 건 머릿속에서 생각하는 속도보다 훨씬 느려. 머릿속은 번개처럼 생각이 쏟아지는데, 글로 옮기려면 한참 걸리잖아? 그래서 하루를 돌아보며 일기를 쓰면, 생각들이 천천히 정리되고, 글쓰기의 속도에 맞춰 내 마음을 한 번 더 들여다볼 수 있는 시간이 생기는 거야. 그냥 생각만 하면 스쳐 지나가버리지만, 글로 쓰면 지금 어떤 기분인지, 어떤 상황인지 확실히 알 수 있잖아. 막연하게 머릿속에 있던 내용을 글로 표현하려고 단어 하나하나 고르는 그 순간, 자기 자신을 더 깊게 이해하게 되는 거야. 이제 일기 쓰는 과정을 같이 살펴보자.

오늘 친구 때문에 기분이 나빴던 경험을 일기로 쓰기 시작함

내용

쉬는 시간에 수학 문제가 안 풀려서 끙끙대고 있을 때 윤재가 내게 와서 "내가 풀어 줄까?"하고 건네는 말에 기분이 나빠져서 "됐어."라고 말했는데 결국 문제를 풀지 못해서 기분이 더 나빠짐.

성찰

친구 윤재의 말을 기록하면서 그 말의 의미를 다시 생각하게 됨.
'생각해 보면 별말 아닌데 나는 왜 기분이 나빴을까?'
↓
'아, 지난 시험에서는 내가 윤재보다 성적이 좋았는데, 이번 시험에서는 윤재가 더 성적이 좋았던 게 속으로 질투 났었어.'
↓
'윤재의 말이 나를 무시하는 말처럼 느껴졌어. 윤재의 의도는 나를 무시하려는 게 아니었는데 내가 혼자 자존심이 상했던 것 같네. 윤재의 마음을 오히려 내가 무시한 것 같아서 미안한 마음이 들어.'

글쓴이는 오늘 친구의 행동에 기분이 상한 일을 일기로 쓰면서 자신의 감정을 들여다보았어. 기분 나쁠 말이 아닌데, 기분이 나빴던 이유를 돌아보다 그 이유를 알아챈 거야. 자신이 친구를 질투하고 있어서 별것 아닌 친구의 말에 자신을 무시한다는 생각에 이르면서, 자존심이 상했던 거지. 그래서 그냥 속상한 게 아니라, '무시당하는 기분이 들다', '자존심이 상하다'라는 더 정확한 말을 찾을 수 있었어. 그러면서 친구 윤재의 말은 나를 무시하려는 의도, 자존심을 상하게 하려는 의도가 아니었다는 걸 알게 된 거야.

그리고 자신의 감정을 표현하는 적절한 단어를 찾으면서 지금 자신의 상황, 위치를 더 확실하게 알게 되는 효과도 있어. '내 수학 실력이 부족해서 친구가 잘해 줘도 질투가 나고, 기분도 나빠졌어.'라고 써 보면 지

금 내가 어떤 상황인지 더 분명하게 알 수 있지. 그러고 나면 앞으로 어떻게 해야 할지 생각해 볼 수 있어. 아마 글쓴이는 앞으로 수학 공부를 더 열심히 해야겠다고 생각했을 거야. 앞으로 자신이 부족하다고 해서 괜히 친구를 미워하지 말아야겠다는 반성도 했을 거고. 앞으로 어떻게 해야 할지 알게 됐겠지?

하지만 단 한 번의 글쓰기를 통해 깨달은 생각만으로 글쓴이 인생의 최종 목적지에 도달할 수는 없어. 다만 지금의 출발점에서 당장 어떤 방향으로 한 걸음씩 나아가야 하는지 알게 됐다는 것은 분명하지. 꾸준히 글을 쓰는 과정을 통해 자신의 현 위치, 현재 상태를 돌아보며 한 발짝 한 발짝 나아가면서 작은 목적지들을 거치다 보면 결국은 가장 잘 맞는 목적지에 도달하게 될 거야.

이렇게 글쓰기는 자신을 성찰하게 만들어 줘서 현재의 위치를 확실하게 알려 주고, 다음엔 어디로 가야 할지 알려 줘. 글을 쓰다 보면 내가 좋아하는 것, 고민하는 것, 잘하는 것을 알게 되면서 내 앞에 펼쳐진 다양한 길들 중 어느 방향으로 가는 것이 좋을지 알게 될 거야. 글쓰기를 통해 자신을 돌아보는 데 도움을 받길 바라.

1. 다음 빈칸에 알맞은 말은?

> 1) 글쓰기를 통해 나 자신을 돌아볼 수 있는데, 이것을 자아 ______(이)라고 한다.
>
> 2) 나의 마음을 돌아보는 데 효과적인 글쓰기로 ______ 쓰기를 들 수 있다.

2. 자기 성찰의 관점에서 아래의 내용을 채워보자. (27쪽 참고)

이번 주 가장 인상 깊은 경험은?	

↓

인상 깊었던 이유, 이때 나의 감정은?	

↓

이러한 감정을 느낀 이유, 이를 통해 깨달은 점	

더 알고 싶어 119

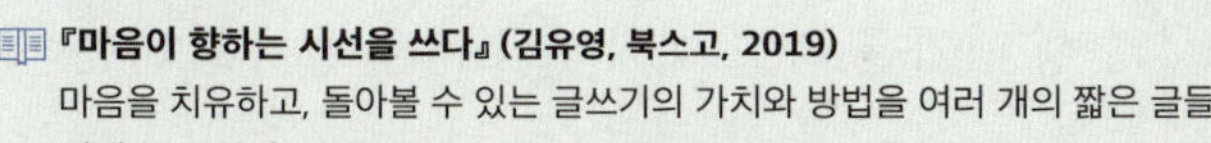

『**마음이 향하는 시선을 쓰다**』(김유영, 북스고, 2019)
마음을 치유하고, 돌아볼 수 있는 글쓰기의 가치와 방법을 여러 개의 짧은 글들로 쉽게 설명해 주고 있어.

▷ **자기 해방의 글쓰기. 김영하 소설가 (세바시 강연)**
글쓰기가 우리 마음의 역할을 해소하는 데 도움이 된다는 것을 알려 주는 영상이야.

▷ **고전 읽기를 통한 자기 성찰 글쓰기: 자기 성찰, 왜 '글쓰기'인가? (한국교양기초교육원)**
자기 성찰이 왜 중요한지, 자기 성찰에 글쓰기가 왜 효과적인지 설명해 주는 영상이야.

삶에서 제일 강력한 무기를 얻고 싶으면 글을 써 봐야 해

문제 해결 능력

'펜은 칼보다 강하다'는 말을 들어봤어? 이 말은 글쓰기가 얼마나 큰 힘을 가지는지 알려 주는 말이야. 우리는 살아가면서 여러 가지 문제를 만나는데, 글을 쓰면서 그런 문제들을 해결하는 힘을 키울 수 있어. 글쓰기를 통해 복잡한 문제도 쉽게 해결할 수 있는 강력한 무기를 가지게 되는 거야.

학습 키워드　#문제해결 #고등사고능력 #고차원인지능력
교과 연계　초6 〉 국어 〉 쓰기 과정을 점검·조정하며 글을 쓰고 글 전체를 대상으로 통일성 있게 고쳐 쓴다.

　　앞에서 글쓰기가 다른 사람과 의사소통하는 도구라고 했잖아. 하지만 모든 글이 의사소통 기능을 잘 해내는 것은 아니야. 말할 줄 아는 사람들이 모두 다른 사람들과 의사소통을 잘하는 건 아니듯 글씨를 쓸 줄 안다고 모두가 의사소통 도구로 글쓰기를 잘하는 것은 아니기 때문이야.

　　글쓰기는 고등 사고 능력Higher-Order Thinking Skills, HOTS을 키워주는 훌륭한 도구야. 그럼 '고등 사고 능력'이란 무엇일까? 고등 사고 능력은 단순히 뭔가를 외우는 걸 넘어서 우리가 생활하면서 만나는 어려운 문제들을 잘 해결하고 창의적인 생각도 할 수 있는 높은 차원의 인지 능력을 말해. 중·고등학교에서 수행 평가를 하고 대학에서 논술 평가를 하는 것도 글쓰기를 통해 학생들의 고등 사고 능력을 키워 주려는 거야.

　　머릿속에 가득 찬 생각을 글로 쓰려고 할 때 첫 문장부터 막히거나

몇 줄 쓰다가 멈춘 적이 있을 거야. 무엇을 쓸지, 왜 쓰는지 고민하다가 문제가 생길 수도 있고 무엇을 쓸지는 정했지만 어떻게 써야 효과적일지 모르거나 하고 싶은 말들이 체계적으로 정리되지 않아서 문제가 생기기도 해. 이런 다양한 문제들을 해결하려면 높은 수준의 인지 능력이 필요해.

글쓰기의 5단계

보통 글쓰기는 다섯 단계로 나눠서 생각할 수 있어. 각 단계마다 만나는 문제를 해결하면서 한 편의 글을 완성하는 거지. 이 다섯 단계는 앞으로 책에서 더 자세히 배울 건데, 여기서는 글쓰기가 왜 문제 해결 능력을 키워 주는지 알려줄게.

옆의 표 내용은 초등학교에서 중학교까지 국어 수업에서 꾸준히 배우고 연습하는 것들이야. 중심 문장과 뒷받침 문장을 갖추어 문단을 쓰는 방법은 초등 4학년 때 배우고, 알맞은 내용을 골라 대상의 특성이 나타나게 설명하는 글쓰기 방법은 6학년 때 배우고 있어.

계획하기	글의 주제·목적·예상 독자 정하기
내용 생성하기	다양한 매체 및 방법을 통해 자료 수집하기
내용 조직하기	글의 구조에 따라 개요를 작성하고 조직하기
글쓰기	내용이 효과적으로 드러날 수 있게 글쓰기
고쳐쓰기	통일성, 적절성, 맞춤법 등을 고려하여 글 고치기

중1이 되면 계획 세운 것을 바탕으로 글을 쓰는 방법도 익혀. 중3 때는 지금까지 배운 걸 다 모아서 문제를 해결하는 글쓰기를 시작하게 되지.

글을 쓸 때는 먼저 '문제 상황'이 무엇인지 생각해야 해. 즉 뭘 쓸지, 누구에게 쓸지, 왜 쓸지를 고민하는 거야. 내가 정한 주제가 사람들이 관심을 가질 만한지, 지금 필요한 이야기인지, 재미있는 이야깃거리가 충분한지 따져보면서 문제를 파악하고 분석하는 힘을 기를 수 있어. 그리고 글쓰기에 필요한 자료를 여러 곳에서 찾아보면서, 내 글에 딱 맞는 걸 골라내는 연습을 해야 해. 이 과정이 쉽지는 않지만 자료들을 비교하고 분석하는 연습이 되기 때문에 상황에 맞는 최선의 정보를 선택하는 능력을 키울 수 있어.

글 내용을 조직할 때는 찾아낸 자료들을 글의 주제나 목적에 맞는 순서로 잘 배열해야 해. 순서가 엉키면 글이 단조롭거나 자연스럽지 않아서 흐름이 끊길 수 있거든. 이렇게 글을 쓰면서 전체적인 구조와 논리적인 흐름을 잡는 법을 배우는 거야.

실제로 글을 쓰는 단계에서는 계획하고 찾은 내용을 바탕으로 의도한 목적에 따라 글을 써야 해. 글로 독자들과 의사소통을 해야 하기 때문에 독자의 기대와 흥미, 글이 전달될 매체의 특성 같은 것을 고려해야 하지. 이 과정에서 표현력과 창의력이 길러져.

고쳐쓰기 단계에서는 글의 완성도를 높이기 위해 단어나 문장, 문단 수준에서 보완할 점들을 찾아서 다듬어야 해. 자기 글을 객관적으로 점검하면서 비판적 사고력이 길러져. 정확하고 명료한 표현으로 다듬어 갈 때 표현력이 높아지고 전달력도 커지게 돼.

글쓰기 과정에서 훈련된 문제 해결 능력은 글쓰는 데만 사용되는 게 아니야. 살면서 만나는 여러 문제들을 종합적으로 이해하게 되고, 비판적으로 판단해 최선의 대안을 찾도록 도와줘. 이 과정은 글쓰기의 문제 해결 과정과 같아. 글쓰기 문제 해결 과정을 연습하면 일상에서 생기는 문제들도 해결하는 데 연습이 된다니 신기하지? 앞으로 글쓰기 연습을 하면서 다양한 문제를 잘 해결할 수 있는 능력을 키워 보자. 글쓰기는 강력한 무기가 되어 줄 거야.

1. 다음 빈칸에 알맞은 말은?

> 단순히 외우는 것을 넘어서 삶에서 만나는 문제를 해결할 수 있는 능력을
> __________ 능력이라고 하며 이는 글쓰기를 통해 기를 수 있다.

2. 글쓰기의 흐름을 고려할 때 다음 빈칸에 적절한 말을 채워보자.

> ______하기 → 내용 생성하기 → 내용 ______하기 → 글쓰기 → ______쓰기

3. 다음의 생각을 하는 것은 글쓰기의 단계 중 어디에 해당할까?

> 학교 도서관 이용을 활성화하기 위한 글쓰기 자료를 모았는데 어떤 순서에 따라
> 배열하는 게 효과적일까? 우선 학교 도서관 이용 상황을 보여주며 이용률이 낮다
> 는 걸 보여준 뒤 도서관 이용이 주는 장점을 말하는 게 효과적이겠지?

4. 글쓰기 과정에서 얻게 되는 문제 해결 능력은 일상에서 어떤 문제를 풀 때 도움이 될까?

더 알고 싶어 119

📖 도서　▷ 영상　🔍 사이트

📖 **『청소년을 위한 글쓰기 에세이』** (장선화, 해냄, 2023)
글쓰기 전반에 대한 다양한 소개를 통해 우리가 겪는 여러 문제들을 글쓰기로 풀어나가있
는 데 도움이 되는 내용이야.

▷ **미래 사회에서 문제 해결 능력이 필요한 이유는?** (학부모를 위한 진로 레시피)
우리가 앞으로 살아갈 세상에서 문제 해결 능력이 왜 특별히 더 중요한지 이유를 알 수 있어.

글은 '무엇을 말할까'에서 시작돼, 주제를 정하자

글쓰기 주제 정하기

글을 쓸 때 주제를 먼저 정하면 글쓰기가 훨씬 쉬워져. 주제는 자동차의 내비게이션과 같아서 어떤 방향으로 글을 써야 할지 알려줘. 만약 주제를 똑바로 정하지 않으면 글을 쓰면서 계속 헤맬지도 몰라. 그렇다면 어떻게 하면 좋은 주제를 정할 수 있을지 지금부터 알아보자.

학습 키워드   #주제정하기 #글쓰기의시작 #글쓰기의내비게이션
교과 연계   초4 〉 국어 〉 목적과 주제를 고려하여 독자에게 마음을 전하는 글을 쓴다.

> 우리나라의 전통문화는 매우 아름답고 독특합니다. 저는 한복을 좋아해요. 어릴 때 할머니께서 선물해 주신 한복을 아직도 갖고 있을 정도로요. 우리나라의 한복과 비슷한 것으로 일본의 기모노, 중국의 치파오가 있습니다. 우리나라 사람들은 명절 때 가족들과 모여 맛있는 음식을 먹으며 함께 시간을 보내는 문화가 있습니다. 서양의 전통문화 중 핼러윈은 우리나라 사람들도 많이 즐기는 문화가 되었습니다.

'주제'는 글의 중심이 되는 핵심 내용이나 생각을 말해. 윗글의 주제가 뭔지 알 수 있었어? 핵심 내용이 되는 문장을 찾기 어려웠지? 첫 문장을 읽고 앞으로 우리나라의 아름답고 독특한 전통문화를 소개할 거라고 예상했는데 갑자기 글쓴이의 취향이나 어릴 적 이야기를 하고 외국

의 전통문화를 소개해서 혼란스러웠을 거야. 이렇게 한 가지 주제로 글이 이어지지 않으면 읽는 사람은 혼란스럽고 무슨 말을 하려는지 알기 어려워져.

우리가 쓰는 글이 독자를 혼란스럽게 하지 않으려면 글에서 하고 싶은 이야기가 분명해야 해. 주제가 분명해야 하는 거지. 주제를 정한 뒤에는 글 전체가 주제에서 벗어나지 않도록 써야 글쓴이의 의도가 제대로 전달되고 독자와 소통이 잘 되는 글이 되는 거야.

글쓰기의 내비게이션이 되는 것이 주제라고 했지? 어떤 주제가 좋은 주제일까? 먼저, 좋은 주제는 구체적이어야 해. 다루는 범위가 너무 넓으면 내용이 모호하고 산만해지거든.

환경 보호에 관심이 많아서 '환경을 보호해야 한다.'는 주제를 정했다고 치자. 이 주제는 좋은 주제일까? 이 주제는 너무 범위가 넓어. 기후 위기로 인한 지구 온난화, 대기 오염, 중금속으로 인한 토양 오염, 쓰레기 배출로 인한 폐기물 처리 문제, 무분별한 삼림 파괴 같은 내용을 모두 다룰 수 있겠지만, 이것저것 모두 다루고 싶은 마음에 욕심을 내면 자칫 글의 방향성을 잃을 수 있어. 글이 산만해지지 않는 구체적인 주제를 찾으려면 어떻게 해야 할까?

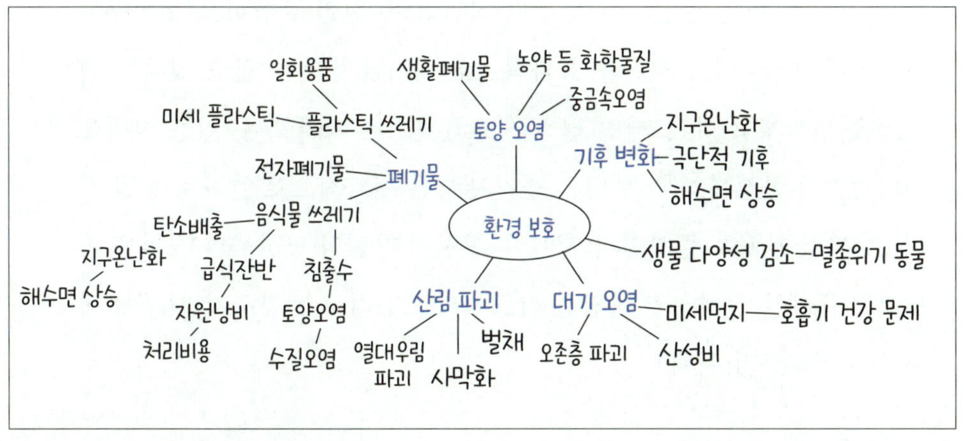

　　우선 쓰고 싶은 내용이 있을 때 관련된 내용을 자유롭게 생각나는 대로 최대한 많이 적어 보는 거야. 환경 보호에 대한 내용으로 주제를 찾고 싶다면, 환경 보호와 관련한 내용을 최대한 많이 적어 보는 거지. 생각의 가지를 뻗어가며 적어 나가다 보면 추가적인 내용들이 떠오르기 시작할 거야. 그 과정에서 추가자료도 찾아낼 수 있고.

　　환경 보호와 관련해 가장 구체적으로 써볼 수 있는 주제는 무엇일까? 바로 내용이 가장 많은 부분을 고르면 돼. 쓸거리가 충분히 있어야 내용을 구체화할 수 있기 때문이야. 막상 써보니 글로 옮기기엔 부족하다면 그 주제는 제외해야 해. 위에서는 '폐기물' 부분이 다른 부분에 비해 내용이 풍성하고, 그중에서도 '음식물 쓰레기' 부분의 내용이 자세하지. 정리된 내용들을 보면, 지구 온난화, 토양 오염, 수질 오염과도 엮일 수 있는 부분이 있어서, 기존에 관심이 있고 잘 알고 있는 내용과 함께 쓰면 내용을 더 깊이 다룰 수 있을 거야.

　　또 관심이 많고 경험이 풍부한 주제를 선정할수록 다른 사람이 생각하지 못한 부분까지 고민하고 내용을 찾아 구체화하기 쉬워. 이 점을 고려해도 '음식물 쓰레기'를 주제로 선정하는 것이 좋아. 급식 잔반에 대한 이야기는 자신의 관심이나 경험과 밀접하게 관련이 있을 거야. 너무 많이 버려지는 반찬, 항상 남기면서도 식판 가득 반찬을 담아오는 친구들을 봤던 경험은 남는 잔반을 효과적으로 처리할 방법을 찾고 싶다는 필요성을 느끼게 하지. 그러면 잔반을 효과적으로 처리할 수 있는 방법을 알아보거나 환경에 대한 부담을 줄일 방법을 적극적으로 알아보게 될 거야. 그 과정 자체를 즐기면서 말이야. 이렇게 자신의 관심사와 경험을 바탕으로 주제를 선정하면 다양한 각도에서 고민하고 생각하기 때문에 내용을 구체화하기 쉬워.

　관련된 자료가 많은 주제라면 글의 내용을 구체화하기 좋아. 기존에 아는 내용으로만 글을 쓰면 내용이 빈약하고 막연해지기 쉬우니까 이때는 책이나 전문가의 인터뷰, 뉴스 기사 같은 다양한 자료들을 이용하면 글의 내용이 더 구체적일 수 있어. 몇 개의 주제 후보를 두고 고민한다면 각각의 주제와 관련된 내용을 인터넷이나 책에서 한 번 찾아봐. 예를 들어 음식물 쓰레기와 관련한 환경 문제를 다룰지, 토양 오염 문제를 다룰 것인지를 고민된다면 각각의 주제와 관련한 내용들을 인터넷이나 도서관에서 찾아보는 거야. 관련 자료가 충분히 많다는 것은 단순히 양만 많다는 뜻이 아니야. 자료 자체의 양은 많은데 애써 찾아낸 각각의 자료들이 결국 다 같은 내용이면 많은 자료라고 볼 수 없어. 찾아낸 자료의 양은 적더라도 각각의 자료들이 주제에 대해 서로 다른 내용을 말하고 있어서 글을 쓸 때 주제와 관련해 다양하게 이야기할 수 있어야 충분히 많은 자료라고 볼 수 있어.

　또 찾아낸 자료들의 수준이 글쓰는 입장에서 이해할 수 있는 수준이어야 해. 자료는 많이 찾아냈지만 내용이 너무 어려워서 이해가 되지 않으면 결국 글쓰기에 활용할 수 있는 자료가 아니기 때문에 충분한 자료가 있는 주제로 볼 수 없어. 만약 음식물 쓰레기와 토양 오염에 대해 찾아낸 자료 모두가 주제에 대해 다양하게 접근하고 있어 글쓰기 충분한 내용이라고 해도 자료 대부분을 내가 이해하기 어렵다면 음식물 쓰레기와 관련한 주제를 선정하는 게 좋아.

　이렇게 어떤 것을 주제로 삼을 것인지 정했다면, 글의 방향을 잘 드러낼 수 있는 주제를 만들어야겠지? '음식물 쓰레기 문제의 심각성과 해결 방안', '음식물 쓰레기가 환경에 미치는 영향'처럼 구체적인 주제를 잡고 여기에 맞춰서 글을 쓰기 시작하면 돼.

1. 다음 빈칸에 알맞은 말은?

> 글의 중심이 되는 핵심 내용이나 생각을 ___________(이)라고 한다.

2. 주제를 선정할 때 고려할 것이 아닌 것은?

① 다루는 내용이 구체적인 주제를 선정한다.
② 다루는 내용의 범위가 넓은 주제를 선정한다.
③ 잘 알고 있고, 이해하고 있는 주제를 선정한다.
④ 관련된 자료를 충분히 구할 수 있는 주제를 선정한다.
⑤ 자기의 경험이나 관심사를 바탕으로 한 주제를 선정한다.

3. 위 내용을 참고할 때, 좋은 주제로 볼 수 없는 것은?

① 아침을 먹고 등교하는 것의 중요성
② 우리 집에서 실천할 수 있는 물 절약 습관
③ 사이 좋은 우리 반을 만들기 위해 지켜야 할 예절
④ 깨끗하고 건강한 지구를 만들기 위한 환경 보호법
⑤ 국어 공부를 잘 하고 싶은 중학생이 읽으면 도움이 되는 책

더 알고 싶어 119　　　　　　　📖 도서　▶ 영상　🔍 사이트

📖 『**강렬한 울림을 주는 이야기 주제 잡는 법**』 (K.M.웨일랜드, 아날로그, 2024)
　　이야기 글의 주제 잡는 법을 안내하지만, 일반적인 글의 주제 잡기에도 도움이 돼.

▶ **글 주제 찾기 일상에서 글 한 편 쓰기 수필 쓰기 에세이 쓰기** (책 읽어 주는 강사)
　　글의 주제는 어떻게 찾아가면 좋을지 방법을 친절하게 알려 주는 영상이야.

글을 쓰는 이유가 분명하면 글이 흔들리지 않아

글쓰기의 목적과 종류

글을 쓸 때는 왜 글을 쓰는지 목적부터 정확히 알아야 해.
같은 재료로 요리해도 음식이 달라지는 것처럼 글감이 같아도 목적에 따라 다른 글이 나오거든.
글의 목적을 분명히 하면 글 쓰는 과정과 결과물이 달라져.

학습 키워드　#글쓰기목적　#글의종류

교과 연계　초4 〉 국어 〉 목적과 주제를 고려하여 독자에게 마음을 전하는 글을 쓴다.
고1 〉 국어 〉 내용 전개의 일반적 원리를 고려하여 사회적 쟁점에 대한 자신의 견해를 정교하게 표현하는 글을 쓴다.

글을 쓰겠다고 마음먹었다면 누군가에게 전하고 싶은 게 있다는 의미일 거야. 글을 쓰려는 목적이 있는 것이지. 글을 쓰는 목적에 따라 글의 종류가 달라지고 글의 종류에 따라서 글쓰기 방식도 달라져.

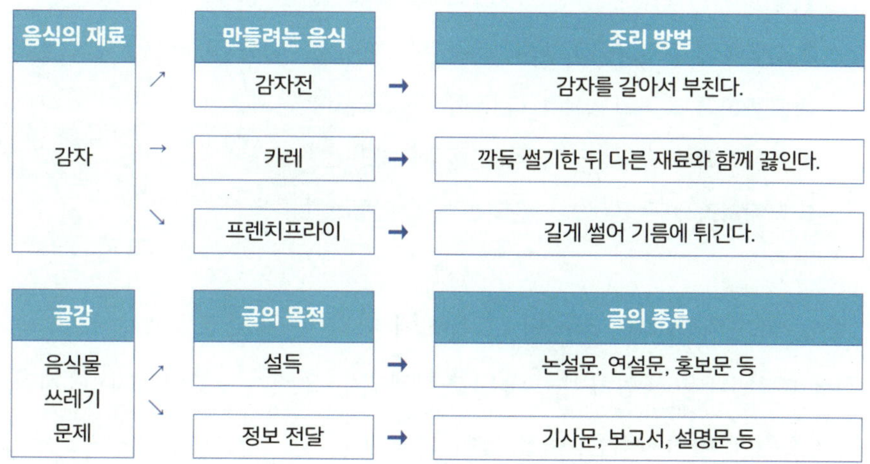

음식의 재료	만들려는 음식	조리 방법
감자	감자전	감자를 갈아서 부친다.
	카레	깍둑 썰기한 뒤 다른 재료와 함께 끓인다.
	프렌치프라이	길게 썰어 기름에 튀긴다.

글감	글의 목적	글의 종류
음식물 쓰레기 문제	설득	논설문, 연설문, 홍보문 등
	정보 전달	기사문, 보고서, 설명문 등

똑같은 감자를 가지고도 무슨 음식을 만들지에 따라 조리 방법이 달라지잖아? 감자튀김을 만들 거면 얇게 썰어야 하고, 감자전이라면 강판에 갈아야 하고, 감자샐러드는 삶아서 으깨야 해. 그래야 원하는 맛과 식감을 얻을 수 있어. 글쓰기도 마찬가지야. 같은 주제를 가지고도 목적이 다르면 글의 형식과 표현 방식이 달라야 해. 만약 설명하는 글을 쓴다면 독자가 이해하기 쉽게 정리해야 하고, 감동을 주고 싶다면 감정을 담아야 해. 그런데 목적도 정하지 않은 채 무작정 글을 쓰면 무작정 감자의 껍질부터 깎고, 내키는 대로 자르기 시작한 것과 같아. 그러면 엉뚱한 결과물이 나오거나 맛없는 요리가 되어 버리겠지.

글도 목적 없이 쓰면 독자에게 제대로 전달되지 않을 뿐만 아니라, 쓰는 사람도 방향을 잃고 헤매게 돼. 그러니까 글을 쓰기 전에 "내가 왜 이 글을 쓰는 걸까?" 하고 먼저 생각해 보는 게 중요해!

글을 쓰기로 결심했다면 먼저 글을 통해 무엇을 이루고 싶은지 생각해 봐야 해. 왜냐하면 목적에 따라 글의 형식과 내용이 달라지니까. 우리가 글을 쓰려는 이유는 보통 다섯 가지 목적 중 하나에 속할 거야.

1. **설명하기**: 독자에게 어떤 정보나 지식을 알려 주려고
2. **설득하기**: 독자가 자기의 생각이나 주장에 동의하게 하려고
3. **표현하기**: 자기의 느낌이나 감정을 드러내려고
4. **공유하기**: 자기의 생각이나 경험을 공유하려고
5. **창작하기**: 새로운 이야기를 창의적으로 만들려고

글쓰기의 목적을 정하면 그 목적에 따라 다음 과정들이 쉬워져. 목적에 따라 '내용 생성하기→내용 조직하기→글쓰기→고쳐쓰기' 단계가 자연스럽게 이어지거든. 예를 들어 볼까?

알고 있는 정보나 지식을 알려줄 목적으로 글을 쓰고 싶다면 보고서, 설명문, 안내문 같은 형식이 적절해. 만약 음식물 쓰레기 문제에 대한 글을 쓴다고 해 보자. 정보나 지식을 알려 주고 싶다면 보고서를 통해 현재의 실태를 보여주는 것이 효과적이야. 이렇게 글의 목적을 정하면 자연스럽게 글의 종류도 결정돼. 그러고 나면 정해진 종류에 따라 쓰기만 하면 되니까 글쓰기가 한결 쉬워져. 다만 '보고서'를 쓰려면 그 형식적 특징을 잘 알아야겠지?

'보고서'는 어떤 내용을 알리기 위해 대상을 관찰·실험·조사한 결과나 과정을 기록한 글이야. 가장 중요한 특징은 객관성을 유지하는 거지. 그러면 보고서를 제대로 쓰려면 어떻게 해야 할까?

> **1. 내용 생성하기:** 음식물 쓰레기 문제에 대한 전문가 의견을 찾아보거나 관련된 객관적 자료를 수집하는 거야.
>
> **2. 내용 조직하기:** 조사한 자료를 분석하고 그래프나 표를 활용해 정리하고 나면 글을 어떻게 채워갈지 보일 거야.
>
> **3. 글쓰기:** 보고서 형식에 맞춰 절차와 결과가 잘 드러나게 쓰고, 모호한 표현은 피하고 간결하게 써야 해.
>
> **4. 고쳐쓰기:** 보고서의 특징에 맞게 쓰였는지 생각하며 읽어 보고 왜곡된 내용이나 주관적인 내용은 없는지 검토하고 수정하는 거야.

결국 글의 목적을 명확히 정하면→적절한 글의 종류를 결정할 수 있고→자연스럽게 글의 구조와 전개 방향도 정리할 수 있어. 글의 종류에 따라 '내용 생성 – 내용 조직 – 글쓰기 – 고쳐쓰기' 전 과정을 거쳐 나가면 논리적인 흐름을 가진 글을 써 나갈 수 있어.

글쓰기의 다양한 목적에 따른 글의 종류

1. 독자에게 어떤 정보나 지식을 알려 주려면

➜ 보고서, 설명문, 안내문, 요리법, 사용 설명서, 기사문 등

2. 독자가 자기의 생각이나 주장에 동의하게 하려면

➜ 논설문, 평론, 칼럼, 광고문, 연설문, 홍보문 등

3. 자기의 느낌이나 감정을 드러내려면

➜ 시, 수필, 일기 등

4. 자기의 생각이나 경험을 공유하려면

➜ 여행기, 수필, 자서전, 회고록, 리뷰 등

5. 새로운 이야기를 창의적으로 만들려면

➜ 소설, 동화, 시나리오 등

이렇게 글쓰기 목적에 따른 글의 종류는 매우 다양해. 글의 종류에 따른 특징을 잘 이해할수록 글을 쓰는 과정이 쉬워질 거야. 글로 쓰고 싶은 내용이 있다면 어떤 목적을 달성하기 위해 글을 쓰려는 것인지 생각하고 목표부터 명확히 정하고 시작하자.

1. 다음 빈칸에 알맞은 말은?

> 같은 글감이라도 글을 쓴 __________(이)가 다르면 글의 형식과 표현 방식이 달라져야 한다.

2. 다음 문장이 맞으면 O, 틀리면 X를 해 보자.

> 설명하는 글을 쓸 때는 독자가 이해하기 쉽게 정리하는 것이 중요하다. (O/X)

3. '음식물 쓰레기 문제의 실태'를 정보 전달 목적으로 다룰 때 가장 적절한 형식은?

① 수필　　② 시　　③ 보고서　　④ 광고문　　⑤ 일기

4. '지역 축제 안내문'을 쓴다고 가정할 때, '내용 생성-내용 조직-글쓰기-고쳐쓰기' 각 단계에서 무엇을 할지 바르게 연결해 보자.

㉠ 내용 생성하기	ⓐ 독자의 여행 순서를 고려하여 '오기 전 → 도착 후 → 즐길거리 → 귀가'의 순으로 배열하고, 핵심 정보는 따로 묶음.
㉡ 내용 조직하기	ⓑ 날짜, 시간, 장소, 프로그램, 안전수칙, 편의시설, 입장료, 예약 방법 등의 다양한 정보를 공문과 홈페이지에서 수집함.
㉢ 글쓰기	ⓒ 빠진 정보, 잘못된 정보, 오탈자는 없는지와 사진과 지도의 배치가 이해하기 쉽게 구성되었는지 검사함.
㉣ 고쳐쓰기	ⓓ '한눈에 보는 일정 및 부스별 핵심 내용'을 하나의 세트로 구성하여 문장을 간결하게 정리하고, 이해하기 쉽게 작성함.

더 알고 싶어 119

📖 도서　▷ 영상　🔍 사이트

📖 『글은 어떻게 삶이 되는가』(김종원, 서사원, 2023)
삶의 다양한 순간들을 어떻게 하면 글로 포착할 수 있는지 이야기하고 있어.

▷ 글쓰기 지도-쓰기 목적에 따른 글의 유형 (이형래문해력연구소)
쓰기 목적에 따라 달라지는 글의 유형을 친절하게 설명하고 있어.

이 글을 누구에게 읽히고 싶은 거야?

예상 독자 정하기

나 혼자 몰래 쓰고 간직할 글이 아니라면, 내 글을 읽어 줄 사람을 생각하면서 써야 해.
글을 읽을 때 재미없으면 끝까지 안 읽잖아? 내가 쓴 글도 마찬가지야. 독자가 흥미를 느끼고
끝까지 읽을 수 있도록 글을 계획할 때부터 충분히 고민해야 해.

학습 키워드   #예상독자 #의사소통
교과 연계   초6 〉 국어 〉 독자와 매체를 고려하여 내용을 생성하고 표현하며 글을 쓴다.
            중3 〉 국어 〉 쓰기 과정과 전략을 점검·조정하며 글을 쓰고, 독자를 고려하여 글을 고쳐 쓴다.

글을 쓰는 건 생각보다 어려운 일이야. 계획도 세워야 하고 문장도 잘 다듬어야 하지. 그런데 그렇게 열심히 쓴 글을 아무도 안 읽거나 읽다가 그냥 포기해 버리면 어떨까? 내가 전하고 싶은 생각이 전혀 전달되지 않겠지. 그래서 글을 쓸 때는 처음부터 누가 내 글을 읽을지 '독자'를 정하는 게 중요해. 세상 사람 누구나 내 독자가 될 수 있지만 그렇다고 모든 사람을 독자로 생각하고 쓰면 안 돼. '그냥 아무나 읽어 줬으면 좋겠다'고 생각하며 글을 쓰면 결국 아무도 읽지 않아.

내 글을 읽어 줄 독자를 생각하지 않고 글을 쓰는 건 누구랑 이야기하는지도 모르면서 말하는 거랑 똑같아. 그러면 결국 혼잣말이 되고 말겠지. 어떤 글을 쓰기로 마음먹고 주제를 정한 뒤 글의 목적까지 생각했다고? 그러면 이제 이 글을 누가 읽을지 '예상 독자'를 꼭 정해야 해. 그

래야 글이 더 정확하고 읽는 사람도 집중해서 볼 수 있어. 예를 들어 '음식물 쓰레기 문제'에 대한 글을 쓴다고 해 보자. 그러면 누구에게 이 문제를 이야기할지 생각해야 해. 어린이, 어른, 환경을 연구하는 사람, 아니면 음식점 사장님? 읽는 사람이 누구냐에 따라 글의 내용과 말투가 달라져야 하거든.

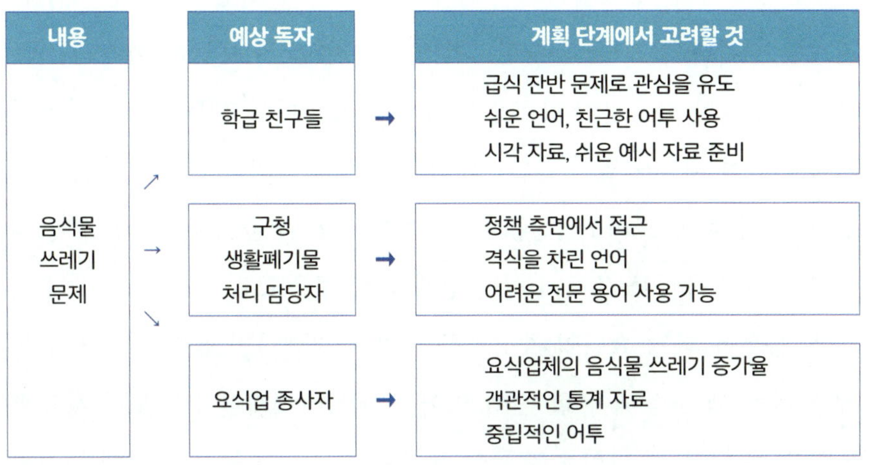

'학급 친구들', '구청 생활폐기물 처리 담당자', '요식업 종사자'는 음식물 쓰레기 문제를 바라보는 시각도 다르고, 관심사나 배경지식도 다 달라. 그래서 이 사람들을 모두 예상 독자로 생각하고 글을 쓰는 건 좋지 않아. 위와 같이 독자의 범위를 구체적으로 정하는 게 좋아. 그리고 또 하나 중요한 점은 자신이 정한 독자를 꼼꼼히 분석해서 글쓰기 계획에 반영해야 한다는 거야. 예를 들어 학급 친구들에게 글을 쓸 때와 구청 폐기물 처리 담당자에게 쓰는 글이 똑같다면 예상 독자 분석이 제대로 안 된 거야. 실제 글을 쓸 때는 위 표의 '계획 단계에서 고려할 것'보다 생각할 게 많지만 지금은 쉽게 이해할 수 있도록 간단하게 설명해 볼게.

학급 친구들을 예상 독자로 정했다면 친구들이 관심을 가질 만한 이야기부터 꺼내야 끝까지 읽을 가능성이 높아져. 그래서 '급식 잔반 문제로 관심을 유도'해야겠다고 글쓰기 계획을 세웠어. 그리고 쉬운 말과 친근한 어투로 써야겠다는 계획도 세우고 친구들이 이해하기 쉽게 사진이나 그래프 같은 시각 자료나 쉬운 예시를 준비했어. 이렇게 미리 계획을 세워 두고 글을 쓰면 나중에 다 쓰고 고치느라 고생할 필요가 없어.

반대로 구청 생활폐기물 처리 담당자를 독자로 정했다면 굳이 쉬운 자료를 넣거나 쉽게 풀어서 설명할 필요는 없어. 이분들은 이미 음식물 쓰레기에 대한 전문적인 지식을 많이 알고 있으니까 전문 용어를 사용하거나 복잡한 내용도 쓸 수 있어. 대신 공적인 성격의 글이니까 격식을 차린 말로 써야 해. 그리고 급식 잔반 문제와는 관련 없는 독자이므로 급식 이야기 대신 음식물 쓰레기 처리 정책 같은 내용으로 접근하는 게 더 적절해. 음식을 파는 요식업 종사자를 독자로 정했다면 음식물 쓰레기 문제를 다룰 때 조심해야 할 점이 있어. '음식물 쓰레기가 나오지 않도록 노력을 해 달라'는 방향으로 글이 흘러갈 가능성이 높은데 이때 공격하듯이 말하지 않도록 주의해야 해. 독자가 글을 불편하게 느끼거나 거부감을 느끼면 결국 글의 목적이 전달되지 않거든.

예상 독자를 정하고 분석하면서 글쓰기 계획을 세우다 보면 글의 방향이 점점 또렷해지는 게 신기하지 않아?

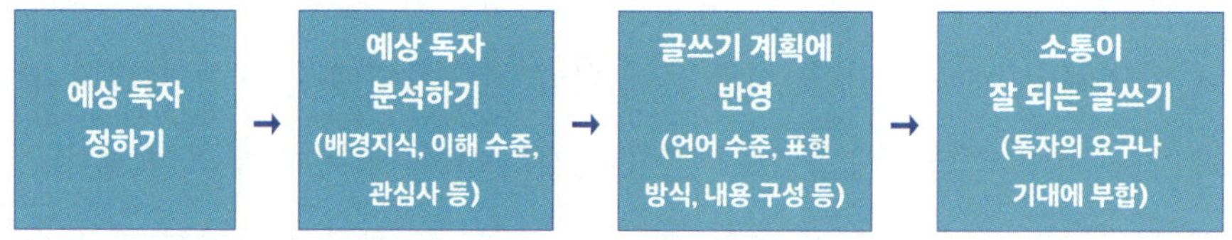

이렇게 과정을 따라가다 보면 내가 쓰고 싶은 글이 독자가 읽고 싶어 하는 글이 돼. 소통이 잘 되는 글쓰기가 완성되는 거야.

1. 다음 문장이 맞으면 O, 틀리면 X를 해 보자.

> 학급 친구들을 독자로 하여 글을 쓸 때 최대한 전문 용어를 많이 사용하여 내용에 대한 깊이를 보여주는 것이 좋다. (O/X)

2. 다음 빈칸에 맞는 말은?

> 1) 구청 생활폐기물 처리 담당자에게는 __________(을)를 차린 언어를 사용하는 것이 바람직하다.
> 2) 독자를 정하고 특성에 맞춰 계획에 반영하는 과정을 _______ 분석이라고 한다.

3. 우리 학교에서 발생하는 음식물 쓰레기 문제의 심각성을 친구들에게 전하기 위해 글을 쓴다고 할 때 도입부의 문장으로 부적절한 것은?

① 급식에서 남기는 음식을 줄이면 무엇이 달라질까요?
② 오늘 급식은 얼마나 담았나요? 먹을 만큼만 담았나요?
③ 급식 시간에 남은 음식, 우리 반은 일주일에 얼마나 될까요?
④ 우리가 남기는 급식 잔반이 지구에 부담이 된다는 걸 알고 있나요?
⑤ 잔반 20% 감축을 목표로 우리가 도달해야 할 핵심 지표는 무엇일까요?

4. 음식물 쓰레기 문제에 대해 학급 친구들을 예상 독자로 글을 쓰면서 정책 면에서 접근하고, 격식을 차린 언어, 어려운 전문용어 사용하는 경우 학급 친구들은 어떤 반응을 보일까?

👍 더 알고 싶어 119

📑 도서 　▶ 영상 　🔍 사이트

📑 **『독자가 있는 글쓰기』, (이은주, 설렘, 2023)** 독자에게 의미있는 주제가 무엇인지, 독자의 시선을 고려한 내용 구성은 어떻게 해야 하는지 알려 주고 있어.

▶ **글쓰기 전문가의 독자를 사로잡는 비법, 우리는 3분 안에 읽는이를 강렬히 끌어 당겨야 한다! (EBS 교양)** 글의 제목, 도입부 등 독자의 반응을 끌어당기는 현명한 글쓰기 방법을 알려 주고 있어.

🔍 **숨 가쁜 내 글, 술술 읽히려면…고단하게 써야 독자가 편하다 (한겨례)** 독자가 읽기 편한 글을 쓰기 위해 어떤 점을 고려해야 하는지 친절하게 안내하고 있어.

종이만이 전부일까?
디지털 시대의 다양한 글쓰기

매체에 따라 다른 글쓰기 방식과 다른 전달 효과

요즘은 글을 쓸 때 꼭 종이뿐만 아니라 TV, 휴대폰, SNS 등 다양한 매체를 활용할 수 있어.
매체에 따라 글을 쓰는 방식도 달라지고 사람들에게 전달되는 효과도 달라져.
다양한 매체의 특징을 알고 그에 맞게 글을 써야 세상과 효과적으로 소통할 수 있어.

학습 키워드   #글쓰기 매체 #온라인의사소통 #SNS글쓰기

교과 연계   초6 〉국어 〉독자와 매체를 고려하여 내용을 생성하고 표현하며 글을 쓴다.
중3 〉국어 〉복수의 자료를 활용하여 다양한 형식으로 정보를 전달하는 글을 쓴다.

세상 소식을 주로 어디에서 접할까? 책이나 신문을 보기도 하고, 인터넷을 통해서도 많이 알게 되지? 예전에는 주로 책이나 신문 같은 종이 매체나 TV, 라디오 같은 일방향 통신 매체로 정보를 얻었어. 하지만 요즘은 컴퓨터나 휴대폰으로 인터넷을 사용할 수 있어서, 언제 어디서든 원하는 정보를 쉽게 찾을 수 있어. 특히 웹사이트나 SNS에서는 실시간으로 새로운 소식을 접할 수도 있고. 그런데 이런 다양한 방법에는 한 가지 공통점이 있어. 바로 '글'로 전달된다는 거야!

글을 쓰기로 결심했다면 어떤 방식으로 세상과 소통할지 고민해 봐야 해. 즉 어떤 매체를 선택해야 가장 효과적으로 글을 전달할 수 있을지 생각해 보는 거야. 매체에 따라 글이 전달되는 방식도, 글을 쓰는 방법도 달라지거든.

‘글을 쓴다’ 하면 보통 종이에 쓰는 걸 먼저 떠올릴 수도 있어. 하지만 요즘은 TV, 컴퓨터, 휴대폰 같은 다양한 매체를 통해 엄청난 양의 정보가 오가고 있어. 원하든 원하지 않든 다양한 매체의 특징을 알고 매체에 맞는 글을 쓰는 방법을 터득해야 해. 그리고 나서 어떤 매체를 사용할지 잘 선택해야, 하고 싶은 말을 효과적으로 전달할 수 있어.

매체를 선택할 때 흔히 하는 실수는 익숙한 매체나 좋아하는 매체를 무작정 선택하는 거야. 아니 그럼, 어떤 매체를 선택해야 한다는 걸까?

‘여행 다녀온 이야기’를 글로 쓰고 싶다고 해 보자. 방학 한 달 동안 제주도 한 달 살기를 하면서 여행 간 곳들을 소개하고, 경험한 일들과 느낀 점을 자세히 쓰려고 해. 책, 블로그, SNS(X(구. 트위터), 인스타그램 등) 중에서 어떤 매체를 선택할지 고민하는 상황이야.

세 가지 매체 중에서 가장 자주 이용하고 익숙한 매체인 ‘SNS’를 선택한다면, 과연 적절한 선택일까? 여행 글을 쓴다고 할 때, SNS는 글뿐만 아니라 사진이나 영상을 함께 올릴 수 있다는 점에서 여행 이야기를 공유하기에 좋아 보일 수도 있어. 하지만 여행지에 대한 경험과 느낌을 자세히 기록하려면, SNS는 적절한 매체가 아닐 수도 있어. SNS는 빠르고 즉각적인 소통이 강점이야. 그래서 사진이나 영상 기록이나 짧은 글을 올리는 데는 적합하지만, 긴 글을 쓰기에는 한계가 있어. 또 대부분 작은 휴대폰 화면으로 보기 때문에 글이 길어지면 읽는 사람들에게 부담이 될 수도 있지. 쓰려는 글의 양과 내용을 고려했을 때, 여행 이야기를 충분히 전달하기에는 SNS가 적절한 매체는 아니야.

긴 글을 쓸 수 있는 매체인 ‘책’을 선택한다면 과연 적절한 선택일까? 책은 여행에서 있었던 일들을 자세히 기록할 수 있고, 여행 과정을 표나 그림, 사진으로 넣어 효과적으로 전달할 수 있는 점에서는 적절한 매체야. 하지만 책으로 출간하는 과정은 쉽지 않아. 다듬어진 언어를 사용해야 하고, 내용의 신뢰성을 높이기 위한 검증, 출판사 편집자의 교정 과정 같은 복잡한 여러 단계를 거쳐야 해. 그리고 책이 나오기까지 시간이 오래 걸려서 빠르게 글이 나와야 한다면 적절하지 않아. 글쓰는 사람이 이용할 수 있는 매체인지 생각해 봤을 때 맞지 않으면 선택할 수 없는 거지. 또 책은 구매한 사람들만 읽을 수 있다는 한계가 있어. 만약 글을 통해 더 많은 사람들과 소통하고 공감을 얻는 것이 목적이라면 책보다 다른 매체를 선택하는 게 더 나을 수 있어. 그러니까 원하는 예상 독자가 누구인지도 매체를 선택하는 기준이 되는 거야.

이렇게 보면 세 가지 매체 중에 블로그를 선택하는 게 가장 적절할 수 있어. 블로그는 글자, 사진, 영상을 모두 넣을 수 있어서 여행 다녀온 이야기를 쓰기에 좋아. 그리고 날짜별, 주제별로 나누어 연재하듯이 꾸준히 글을 올릴 수 있어서 글의 길이가 길어져도 괜찮아. 또 책과 다르게 블로그를 개설하면 바로 글을 쓰고 발행할 수 있어서 독자들의 댓글을 통해 바로 소통할 수도 있지. 책처럼 정제된 언어를 써야 하거나 신뢰도를 검증하는 복잡한 절차를 거칠 필요도 없어서 좀 더 편안하게 자신의 이야기를 풀어낼 수도 있어.

여행 다녀온 이야기를 어느 매체를 통해 쓸지 결정하는 과정은 결국 다음 질문에 답을 찾아가는 과정이었어.

- 쓰려는 글의 양에 적절한 매체인가?
- 쓰려는 글의 주제나 성격에 맞는 매체인가?
- 내가 충분히 이용할 수 있는 수준의 매체인가?
- 내가 원하는 예상 독자들이 이용하는 매체인가?

이 질문들에 대한 답은 어떤 글을 쓰느냐에 따라 매번 달라져. 이번에는 '블로그'가 가장 적절했지만, 어떤 경우에는 SNS가 더 나을 수도 있어.

중요한 건, 효과적인 매체를 선택하려면 각 매체의 특징을 잘 알고 있어야 한다는 거야. 물론 매체의 특징을 몰라도 글을 쓸 수는 있어. 마치 여행지에서 그 나라의 문화적 특징을 몰라도 음식을 먹을 수 있는 것처럼 말이야. 하지만 식사 예절이나 방식을 모른 채 내 마음대로 먹으면, 허기를 채울 수는 있어도 그 음식의 진짜 매력을 놓칠 수도 있고, 다른 사람을 불편하게 할 수도 있겠지. 매체도 마찬가지야.

매체의 특징을 잘 몰라도 글을 쓸 수는 있지만, 글을 제대로 써서 효과적으로 소통하는 건 어려워. 그래서 다양한 매체들을 강력한 소통 도구로 활용하려면, 각 매체가 가진 특징을 명확히 이해해야 해. 어떤 글을 누구에게 전달할지 고민하면서 매체의 장단점을 따져 보고 글의 성격에 맞는 매체를 선택하는 것! 이게 바로 차별화된 글쓰기 전략이야. 매체를 잘 활용하면 전하고 싶은 이야기를 더 명확하고 효과적으로 전달할 수 있을 거야.

1. 다음 문장이 맞으면 O, 틀리면 X를 해 보자.

> 1) 책은 빠른 발행과 즉각적 상호작용이 필요할 때 적절한 매체다. (O / X)
>
> 2) 매체를 선택할 때 예상 독자가 주로 이용하는 매체인지 고려해야 한다. (O / X)

2. 다음 빈칸에 들어갈 말은?

> ________(은)는 글·사진·영상을 함께 싣고 연재하듯 꾸준히 긴 글을 올리기 좋다.

3. 위 내용을 참고할 때, SNS의 단점으로 가장 적절한 것은?

① 출판사의 교정 과정이 필수다.

② 발행하기까지 오랜 시간이 걸린다.

③ 사진과 영상을 올리기엔 적절하지 않다.

④ 실시간 소통이 시간과 공간의 제약을 받는다.

⑤ 작은 화면에서 긴 글을 읽어야 하는 부담이 있다.

4. 여러분이 여행기를 쓴다면 어떤 매체를 선택할지 이유를 설명해 보자.

더 알고 싶어 119

📖 도서　▷ 영상　🔍 사이트

📖 『**미디어 리터러시 쫌 아는 10대**』, (금준경, 풀빛, 2020)
　정보가 넘치는 세상에서 정보를 똑똑하게 읽어내는 능력을 알려 주는 책이야.

🔍 **미리캔버스, 🔍 캔바**
　다양한 시각 자료 및 영상, 오디오 자료를 첨부하여 자료를 만들 수 있게 해
　주는 사이트야.

자료를 찾는 것도
글쓰기의 중요한 시작이야

자료 찾기 계획 세우기

계획 없이 글을 쓰다 보면 자료가 부족해서 당황할 수도 있어.
그래서 자료를 어떻게 찾고 활용할지 미리 생각해야 해.
그럼 필요한 자료는 어디서 찾을 수 있을까? 자료를 잘 활용하면 더 설득력 있는 글을 쓸 수 있어.

학습 키워드　#참고자료　#자료활용글쓰기　#출처
교과 연계　중3 〉 국어 〉 복수의 자료를 활용하여 다양한 형식으로 정보를 전달하는 글을 쓴다.

　　글쓰기 계획을 세울 때 많이 놓치는 게 있어. 바로 참고할 자료를 어디서 찾고, 어떻게 활용할지 생각하는 거야. 인터넷에 자료가 엄청 많으니까 그냥 검색해서 쓰거나 내가 아는 내용만 적으면 될 것 같지? 하지만 다양한 출처를 통해 자료를 찾아야 해. 그래야 한쪽으로 치우치지 않고 객관적인 글을 쓸 수 있어. 또 독자가 흥미를 가질 만한 설득력 있는 글이 돼. 만약 자료 준비를 미리 하지 않으면 글을 쓰다가 막힐 수도 있고, 다 쓰고 나서도 뭔가 부족하다고 느낄 거야. 그러니까 글을 쓰기 전에 꼭 자료를 어떻게 모을지 계획해 보자.

　　이미 잘 알고 있는 내용으로 글을 쓴다고 가정해 볼까? 제주도 한 달 살기 경험을 글로 쓰기로 했다고 해 보자. 블로그에 올릴 글이니까 이미 경험한 내용을 바탕으로 쓰면 된다고 생각해서 따로 자료 준비를 하지 않았지. 그런데 막상 글을 쓰다 보니 문제가 발생했어. 특정 여행지에서 찍은 사진이 없는 거야. 제주도 숨은 여행지를 소개하려고 동선도 짜고, 맛집 정보도 다 정리했는데… "여행 글인데 사진이 없어서 어쩌지?" 결국 사진 없이 글을 써야 하는 난감한 상황이 생겼어. 만약 미리 자료 준비를 했더라면 의도한 대로 글을 쓸 수 있었겠지.

그럼 다행히도 대체할 다른 여행지를 찾아서 다시 쓰기 시작했다고 생각해 보자. 아무도 모르는 숨은 여행지를 찾았다고 생각해서 자신 있게 정성껏 완성했지. 그런데 예상보다 반응이 별로였어. 이유가 궁금해서 검색해 봤더니 비슷한 글이 이미 잔뜩 있는 거야. 게다가 더 자세하고 친절하게 설명한 글들도 많았어. 만약 글을 쓰기 전에 자료를 충분히 찾아봤다면 기존에 있던 글들과 차별화할 수 있는 방법을 생각했을 거고 더 흥미로운 내용을 썼을 수도 있었겠단 생각이 들어서 아쉬웠어.

이제 글을 쓰기 전에 자료 준비가 왜 중요한지 확실히 알았을 거야. 그럼 이제 어떤 자료를 어디서 찾아야 하는지 그리고 무엇을 고려해야 하는지 알아보자.

쓰려는 내용과 관련한 '구체적 수치'가 필요해

통계 자료: 음식물 쓰레기가 점점 많아지는 문제와 같이 사회문제의 심각성을 이야기하거나 어떤 현상에 대한 연령별 선호도 등을 설명할 때 구체적 수치를 보여주면 좋아. 숫자가 들어가면 독자가 더 관심을 가지기도 하고 이해하기도 쉽거든. 이럴 때 통계 자료를 많이 사용해. 통계 자료는 어디서 찾을 수 있을까? 국가데이터처(구 통계청) 같은 정부 및 공공기관 웹사이트가 있고, OECD, World Bank, UN 같은 국제기구 통계 데이터베이스도 있어. 뉴스나 연구 보고서도 좋아. 이렇게 통계 자료

를 제공하는 곳이 많긴 하지만 막상 내가 쓰려는 글에 정확히 맞는 통계 자료를 찾는 것은 생각보다 어려워. 너무 오래된 통계 자료는 지금 상황과 다를 수 있어서 쓰기 적절하지 않고 말이야. 통계 자료를 쓰고 싶으면 계획 단계에서 글과 관련한 통계 자료를 구할 수 있는지, 최근 자료인지 꼭 확인하는 게 중요해.

직접 조사 및 설문: 적절한 통계 자료를 못 찾았는데 말하려는 내용과 관련한 구체적 수치가 꼭 필요할 때는 직접 조사하거나 설문을 할 수 있어. 예를 들어 급식 잔반량이 얼마나 늘었는지 글을 쓰려는데 딱 맞는 통계 자료를 찾을 수 없다고 해 보자. 그럴 땐 직접 조사하는 방법이 있어. 주변 학교 몇 군데를 방문해서 급식 시간에 잔반이 얼마나 나오는지 살펴보고 급식실에서 직접 잔반량을 조사한다면 글의 신뢰도가 높아지겠지? 하지만 실제 조사를 나가도 되는지 계획 단계에서 미리 확인해야 해. 다른 학교의 협조를 구해야 할 수도 있어. 협조를 구하지 않으면 진행 과정에서 문제가 생길 수 있거든.

그럼 직접 조사 말고 설문조사는 어떨까? 설문조사는 직접 조사보다 쉬운 편이야. 하지만 설문조사도 어떻게 할지 미리 계획을 세워야 해. 어떤 질문을 할지(설문 내용), 누구에게 질문을 할지(설문 대상), 언제까지 받을지(설문 기간), 결과를 분석하는 데 얼마나 걸릴지 계획하자. 미리 정하지 않으면 글을 써야할 때 자료가 안 나올 수도 있어.

쓰려는 내용과 관련한 '전문 지식'이 필요해

인터넷 검색: 전문 지식을 찾을 때 가장 쉬운 방법이 인터넷 검색이야. 하지만 그냥 포털 사이트에서 검색한 정보는 틀린 내용이 섞여 있

을 수도 있어. 그래서 믿을 만한 곳에서 찾는 게 중요해. 'RISS, DBpia, Google Scholar' 같은 학술 데이터베이스에서 검색하는 것이 좋아. 정부 기관 사이트에도 정확한 정보가 많아. 계획 단계에서 검색했을 때 이해하기 너무 어려운 내용이 많으면 글로 쉽게 풀어서 쓸 수 있는지 생각해 보고, 자료가 너무 적다면 다루려는 주제가 적절한지 다시 한 번 고민해 봐야 해.

전문 서적: 전문적인 정보를 찾으려면 책이 좋은 자료가 될 수 있어. 일반 서점에서 구하기 어려운 전문 서적은 도서관이나 대학 도서관에서 찾을 수 있거든. 학술지, 논문, 연구 보고서 같이 특정 분야를 깊이 연구한 자료도 있어. 요즘은 인터넷으로 열람할 수 있는 자료가 많지만, 인터넷 열람이 불가능하거나 대출 자체가 불가능한 자료도 있으니까 글쓰기에 꼭 필요한 자료라면 도서관 방문이나 열람 일정을 미리 계획하도록 하자.

전문가 인터뷰: 전문가와 직접 인터뷰한 내용을 글에 넣으면 신뢰도가 높아져서 좋아. 관련 분야를 잘 아는 사람이 직접 말해 준 정보니까 더 믿을 수 있겠지? 그런데 인터뷰를 하려면 인터뷰할 전문가를 찾아야 해. 정말 인터뷰가 가능한지 미리 확인하고, 언제 인터뷰할 수 있는지, 어떻게 인터뷰 할지를 계획 단계에서 미리 준비해야 해. 직접 만나거나 시간을 내기 어려운 상황이라면 전화나 이메일로 인터뷰가 가능한지도 확인해 보자. 전문가가 인터뷰 자체를 허락하지 않으면 다른 방법을 찾아야 하니까.

쓰려는 내용과 관련한 '최신 자료나 사례'가 필요해

신문, 뉴스, 잡지: 매일 혹은 한 주, 한 달마다 발행되는 신문이나 뉴스, 잡지는 최신 동향과 이슈를 파악하는 데 좋아. 최근에 일어난 사건을 글에 반영하고 싶을 때, 요즘 트렌드를 분석한 글을 쓰고 싶을 때 신문이나 뉴스, 잡지에서 자료를 찾아볼 수 있어. 하지만 언론사 성격에 따라 최신 동향 중에서도 특정한 부분을 더 강조해서 드러내는 경우가 있으니까 같은 내용을 서로 어떻게 다루는지 비교해 보고 자료로 활용하는 게 좋아. 그렇지 않으면 의도와 다르게 내가 쓴 글이 한쪽으로 치우쳐 보일 수도 있어.

SNS 및 온라인 커뮤니티: 실시간으로 정보가 공유되는 SNS나 온라인 커뮤니티에는 최신 자료와 실제 경험담이 정말 많아. 사람들의 반응을 빠르게 알고 싶을 때나 실제 경험담을 참고하고 싶을 때 적당해. 하지만 출처가 불분명한 정보들이 많기 때문에 정확한 자료인지 사실을 확인하는 과정을 꼭 거쳐야 해. 공식적인 자료와 비교해 보면 자료의 정확성을 파악하기 좋아. 출처가 확실하지 않은 정보만 믿고 글을 쓰면 글의 신뢰도가 떨어지고 독자들도 믿지 않을 수 있어. SNS와 온라인 커뮤니티 자료는 꼭 사실 확인을 거치자.

1. 다음 빈칸에 알맞은 말은?

> 1) 통계 자료를 사용할 때는 자료의 __________(이)가 신뢰할 만한지, 최근의 자료인지 따져봐야 한다.
>
> 2) 글쓰기에 활용할 적절한 통계 자료를 찾지 못한다면 __________조사나 __________조사를 계획할 수 있다.

2. 다음 문장이 맞으면 O, 틀리면 X를 해 보자.

> 신문·잡지는 최신 동향 파악에 유용하지만 매체 성향에 따라 강조점이 달라질 수 있음에 유의하여 읽어야 한다. (O / X)

3. 전문가 인터뷰를 대면으로 진행하기 어렵다면 어떤 방법으로 진행할 수 있을지 두 가지만 써 보자.

4. 글쓰기에 쓸 자료를 활용할 때 자료의 편향성을 줄일 수 있는 방법으로 적절한 것은?

① 여러 매체의 보도 자료를 비교해 본다.
② 댓글이 가장 많이 달린 자료를 활용한다.
③ 믿을 수 있는 하나의 언론 자료만 참고한다.
④ 제목 중 가장 매력적인 것으로 골라서 본다.

5. 글쓰기 계획 단계에서 자료를 준비하는 것이 왜 중요한지에 대해 써보고, 자료 준비를 소홀히 했을 때 어떤 문제가 생기는지 예를 들어 설명해 보자.

더 알고 싶어 119

📖 도서　▷ 영상　🔍 사이트

📖 『우리는 자료 조사에 진심』 (바운드, 봄나무, 2024)
청소년들이 이해하기 쉽도록 자료 탐색·분류·출처 확인 등 실전 팁들이 담겨 있어.

▷ '미래교육 플러스-디지털 리터러시 교육 1부-정보를 읽는 능력을 키워라! (EBS 교양)
넘쳐나는 정보 속에서 진짜 정보와 가짜 정보를 구별화는 것의 중요성을 이야기하고 있어.

🔍 RISS - 학술연구정보서비스 국내 학술 논문·학위 논문을 검색하는 사이트야.

꼼꼼하게 계획하는 나!
어떤 직업이 잘 맞을까?

관련 직업

경영 및 컨설팅 분야: 회사를 잘 운영하려면 똑똑한 전략이 필요해! 회사가 어떤 문제를 만나도 해결하려면, 고객이 뭘 원하는지, 시장이 어떻게 변하는지, 다른 회사들은 어떻게 하는지, 그리고 회사의 목표가 뭔지를 잘 살펴봐야 해. 이렇게 여러 가지를 분석하고 똑똑한 해결책을 찾아내는 능력이 중요해!

이런 일을 하는 직업: CEO, 사업 기획자, 전략 컨설턴트, 경영 컨설턴트 등
관련 학과: 경영학과, 경제학과, 산업공학과, 경영정보학과, 회계학과 등

마케팅 및 광고 분야: 마케팅 및 광고 분야에서는 기업의 상품을 더 많은 소비자가 이용하도록 유도해야 해. 이를 위해 소비자의 행동과 요구를 분석하고, 최신 트렌드와 산업 전망에 대한 데이터를 활용해 효과적인 마케팅 및 광고 전략을 수립해야 하지.

이런 일을 하는 직업: 카피라이터, 마케팅 전략 기획자, 브랜드 매니저, 디지털 마케터 등
관련 학과: 광고홍보학과, 마케팅학과, 경영학과, 언론정보학과, 디지털콘텐츠학과 등

정책 기획 분야: 정책을 만들 때는 뚜렷한 목표를 정하고, 그 목표를 이루기 위한 여러 가지 방법을 찾아야 해. 이 과정에서 드는 비용과 예산을 따져 보고, 실제로 실행할 수 있는지도 꼼꼼히 살펴봐야 하지. 또 정책과 관련된 사람들의 의견을 듣고 반영하는 것도 중요해. 이렇게 종합적으로 분석해서 정책을 만드는 능력이 필요한 분야야.

이런 일을 하는 직업: 정책 기획관, 사업 기획자, 공공기관 전문가 등
관련 학과: 행정학과, 공공정책학과, 정책학과, 공공관리학과 등

이 직업이 궁금해: 디지털 마케터

디지털 마케터는 컴퓨터나 스마트폰 같은 디지털 기술을 이용해서 회사의 제품이나 서비스를 많은 사람에게 알리는 일을 해. 예를 들어 출판사에서 새 책을 내면 사람들이 그 책에 관심을 가지도록 유튜브나 인스타그램에 글을 올리거나 온라인 광고를 만들어. 디지털 마케터의 가장 큰 목표는 사람들이 책을 사도록 만드는 거야. 그래서 어떤 사람들이 그 책을 좋아할지 생각하고 그 사람들이 관심을 가질 만한 방법으로 광고를 해야 해. 그러려면 책의 특징을 잘 살펴보고 사람들이 어떤 책을 원하는지도 알아야 하지. 물론 컴퓨터와 스마트폰 같은 디지털 기기도 잘 쓸 수 있어야 해. 혹시 인터넷에서 검색했던 물건이 인스타그램에 광고로 나와서 놀란 적 있어? 그게 바로 디지털 마케터의 전략 덕분이야.

디지털 마케터가 되려면 어떤 학과에 가야 하지?

경영학과, 광고홍보학과, 디지털콘텐츠학과, 미디어커뮤니케이션학과, 디지털/IT 관련 학과, 컴퓨터공학과, 정보통신공학과, 산업공학과, 데이터사이언스학과, 융합학과, 디지털마케팅학과, 미디어경영학과, 빅데이터경영학과, 창의융합학부, 통계학과, 심리학과, 콘텐츠기획학과, 소셜미디어학과 등

마케팅경영학과

어떤 학과일까? 마케팅과 소비자 행동에 대한 지식을 활용해 상품이 시장에서 잘 팔릴 수 있도록 소비자의 취향과 구매 가능성이 있는 고객을 조사하고, 효과적인 판매 전략을 세워 실행할 수 있는 전문 경영인을 키우는 것을 목표로 해.

어떤 학생에게 잘 맞을까? 팀을 만들어 목표를 정하고 성과를 높이는 게 재미있는 친구, 기업이 어떻게 운영되는지 분석하는 게 흥미로운 친구한테 잘 맞아. 또 조직의 목표를 세우고 그걸 이루기 위한 마케팅 전략을 짜야 하니까, 논리적으로 생각하는 힘이 있고 팀원들과 잘 어울려 협력할 수 있는 친구라면 딱이야!

주로 배우는 과목은? 마케팅원론, 경영학원론, 마케팅관리, 마케팅조사, 유통관리 등

더 알고 싶어 119

📖 『마케팅 좀 아는 사람』 (김종영, 씽크스마트, 2021)
마케팅 초보라도 마케팅에 대한 전반적인 내용을 쉽게 이해할 수 있는 책이야.

▶ 영화 〈수상한 가족〉 (2009) 은밀한 마케팅 기법으로 제품을 홍보하는 가족 이야기를 다루었어.

▶ '기록의 쓸모' 저자, 이승희 마케터 이야기 치기공 전공자가 마케터로 성공하기까지의 과정이 흥미롭게 나와있어서 마케터로 성공하기 위해 어떤 노력을 하면 좋을지 알 수 있어.

다른 사람의 이야기를 잘 듣고 기록하는 나! 어떤 직업이 잘 맞을까?

관련 직업

언론 및 매체 분야: 사건이나 사람에 대해 깊이 있게 취재하고 인터뷰한 내용은 생생한 정보가 되고 전문적인 지식으로 가치가 있어. 인터뷰는 그대로 신문이나 방송에 나갈 수도 있고, 기자들이 정리해서 전달하기도 해. 언론과 매체는 정보가 빠르게 퍼지는 곳이라서 인터뷰를 통해 수준 높은 정보를 전달하는 능력이 꼭 필요한 분야야.

> **이런 일을 하는 직업:** 신문기자, 뉴스기자, 잡지기자, 방송작가, 방송평론가, 아나운서, 신문 제작 관리자, 리서치 분석가 등
>
> **관련 학과:** 언론홍보영상학과, 언론학과, 미디어학과, 미디어영상학과, 신문방송학과, 영상학과 등

교육 및 서비스 분야: 교육과 서비스 분야는 사람과 사람이 만나서 도움을 주고받는 일이야. 그래서 상대방과 충분히 대화하고 상담하면서 그 사람이 무엇을 필요로 하는지 잘 파악하는 게 중요해. 상황에 따라 적절한 방법으로 상대를 배려하는 마음도 필요해.

> **이런 일을 하는 직업:** 교사, 보육교사, 사회복지사, 가족상담사, 공연제작관리자, 상담전문가, 레크리에이션진행자, 학원 운영자, 입시 컨설턴트, 직업상담사 등
>
> **관련 학과:** 교육학과, 교육공학과, 심리학과, 가족학과, 사회복지학과, 사회복지상담과, 청소년지도학과, 아동복지학과 등

경영 및 마케팅 분야: 경영과 마케팅에서는 소비자가 어떤 걸 좋아하는지 조사하고, 시장이 어떻게 변하는지 분석하는 게 중요해. 그래서 고객, 전문가, 이해관계자(기업과 관련된 사람들)와 이야기를 나누고, 그들의 의견을 잘 듣고 반영해야 해. 또 회사에서 좋은 인재를 뽑을 때도 지원자의 특징을 파악하는 과정이 필요해. 이때도 목적이 뚜렷한 질문을 던지고 대화를 이끌어 가는 능력이 중요하지. 경영과 마케팅 분야에서는 사람들과 대화하면

서 필요한 정보를 얻고 이를 활용하는 능력이 아주 중요한 역할을 해.

> **이런 일을 하는 직업:** 인사담당자, 마케팅 전문가, 프로젝트 매니저, 손해사정인, 부서 관리자, 통상전문가, 증권분석가, 회계사, 펀드매니저, 예술경영분야관리사 등
>
> **관련 학과:** 경영학과, 심리학과, 행정학과, 인적자원관리(HRM)학과 등

이 직업이 궁금해: 저널리스트

저널리스트는 신문, 잡지기자나 편집자, 기고자 등을 말하는데 보통은 '기자'를 떠올리면 돼. 기자들은 사건을 취재하거나 인터뷰하여 자료를 모으고 현장을 방문하기도 해. 다양한 분야에서 취재한 내용을 신문, 방송, 인터넷 같은 매체를 통해 전달하지. 그래서 기자가 전하는 정보는 정확해야 해. 독자들이 쉽게 이해할 수 있도록 간결하고 명확한 문장을 써야 하며 잘못된 정보가 퍼지지 않도록 사실을 여러 번 확인하는 과정도 꼭 필요하지. 사회에 중요한 정보를 전달하는 일이라서 책임감이 크지만 그만큼 공공의 이익에 기여할 수 있고 사회의 문제를 직접 다룰 수 있다는 점에서 매력적인 직업이야.

저널리스트가 되려면 어떤 학과에 가야 하지?

신문방송학과, 커뮤니케이션학과, 미디어학과, 미디어커뮤니케이션학과, 다중매체영상학과, 미디어영상학과, 언론학과, 언론홍보영상학과, 사회학과, 정치학과 등

신문방송학과

> **어떤 학과일까?** 신문, 방송, 출판뿐만 아니라 유튜브, SNS 같은 다양한 미디어에서 활동할 전문가를 길러내는 학과야. 정보통신 기술이 발전하면서 바람직한 미디어 문화를 만들고, 대중 매체를 발전시키는 역할을 배울 수 있어.
>
> **어떤 학생에게 잘 맞을까?** 사회 흐름을 살피는 걸 좋아하고, 신문이나 방송에 관심이 많다면 딱 맞는 학과야. 기자가 되고 싶다면 글쓰기 실력이 중요하고, 방송이나 영상을 공부하려면 창의력과 예술적 감수성이 필요해.
>
> **주로 배우는 과목은?** 매스컴원론, 취재보도론, 언론윤리, 방송저널리즘, 언론법 등

더 알고 싶어 119

📖 『기자가 말하는 기자』 (박대호 외, 부키, 2003)
  다양한 분야에서 활동하는 24명 전현직 기자에게 듣는 기자의 삶에 관한 책이야.

생각의 씨앗을 키우는 순간, 글감이 피어나다

글감은 어떻게 만드는 거야?

글쓰기 계획대로 재료 모으기

최고의 요리 비법을 따라 해도 누구나 음식을 맛있게 만들 수 있는 건 아니야.
요리하는 동안 여러 가지 변수가 생겨서 맛이 달라질 수 있거든.
글쓰기도 마찬가지야! 글을 쓸 때 내용을 어떻게 준비하느냐가 글의 완성도를 결정해.
이 과정을 내용 생성 단계라고 하지.

학습 키워드 #내용생성하기 #좋은글감 #글쓰기재료

교과 연계 초6 〉국어 〉 알맞은 내용을 선정하여 대상의 특성이 나타나게 설명하는 글을 쓴다.
중3 〉국어 〉 복합양식 자료를 활용하여 내용을 생성하고 글의 유형을 고려하여 내용을 조직하며 글을 쓴다.

글을 쓰기 전에 주제, 목적, 누가 읽을지(예상 독자), 어디에 쓸지(전달 매체), 자료 준비는 어떻게 할지 등을 미리 계획해야 해. 이렇게 계획을 세우는 게 좀 번거로울 수도 있지만, 미리 준비해 두면 더 완성도 높은 글을 쓸 수 있어. 그리고 계획한 내용은 글 쓰는 전 과정에서 계속 활용해야 해. 내용 만들기, 글 구조 정하기, 표현하기, 고쳐쓰기까지! 이렇게 해야 처음 세운 계획이 진짜 효과를 발휘하게 돼.

친구들이랑 맛있는 떡볶이를 만들어 먹기로 했다면 제일 먼저 해야 할 건 재료 준비야. 떡, 고추장, 어묵, 채소 같은 걸 미리 챙겨야

떡볶이를 만들 수 있지. 근데 떡볶이를 만들겠다고만 하고 재료 준비를 안 하면 당연히 떡볶이를 만들 수 없겠지. 글쓰기에도 똑같은 원리가 적용돼. 글을 쓰려면 글의 재료가 되는 글감이 필요해. 이걸 미리 준비하는 과정이 바로 '내용 생성하기' 단계야. 글감을 잘 모아야 맛있는(?) 글을 쓸 수 있어.

그런데 글감만 있다고 좋은 글이 나올까? 아무 떡이나 고추장, 어묵, 채소를 넣어도 떡볶이는 만들 수 있어. 근데 어떤 재료를 쓰느냐에 따라 맛이 완전히 달라지지. 할머니가 정성 들여 담가 주신 고추장으로 만든 떡볶이랑 마트에서 산 고추장으로 만든 떡볶이, 맛이 똑같을까? 당연히 아닐 거야. 글도 마찬가지야. 아무 글감을 가져다 써도 글의 형태는 나오겠지만 중요한 건 '어떤 글감을 어떻게 쓰느냐'야. 그냥 글을 쓰는 게 아니라, 내 생각을 독자에게 효과적으로 전달하는 글을 써야 하니까! 잘 숙성된 고추장으로 만든 떡볶이처럼, 글의 완성도를 높여줄 '좋은' 글감이 필요해.

좋은 글감을 만드는 법

글쓰기에 맞는 글감을 골라야 해! 떡볶이를 맛있게 만들려고 어떤 재료를 넣을지 고민하다가 최고급 생연어를 넣기로 했어. 그럼 떡볶이가 더 맛있어질까? 아무리 좋은 재료라도 떡볶이랑 안 어울리면 넣지 않는 게 좋아. 생연어는 맛있는 재료지만 떡볶이엔 안 어울리잖아. 글도 똑같아. 글감을 고를 때 아무리 신기하고 특별한 내용이라도 글의 주제랑 안 맞으면 넣지 않는 게 좋아. 그냥 막 쓰는 게 아니라, 내가 쓰려는 글에 꼭 맞는 글감을 선택하는 게 중요해. 그럼 주제에 안 맞는 글감은 어떻게 하냐고? 아껴 뒀다가 나중에 더 잘 어울리는 글을 쓸 때 쓰면 돼.

떡볶이 이야기로 다시 돌아가 보자. 떡볶이에 어울리는 재료라면 무조건 넣어야 할까? 앞에서 연어 대신 오징어나 새우 같은 해물을 넣어서 해물떡볶이를 만들기로 했어. 그럼 이게 무조건 좋은 선택일까? 떡볶이를 먹을 친구가 해물을 좋아하면 괜찮지만, 해물을 싫어하면 문제가 되겠지. 또 친구가 매운 걸 못 먹는 줄 모르고 청양고추를 넣으면 어떻게 될까? 떡볶이에 어울리는 재료라도 친구가 못 먹는다면 소용이 없어. 결국 떡볶이를 만든 목적을 이루지 못하는 거야. 글쓰기도 마찬가지야. 주제에 맞는 글감을 골랐더라도, 독자가 관심 없어 하거나, 독자에게 너무 어려우면 읽기 힘들어. 그러면 글을 읽지 않겠지? 그래서 글감을 정할 때는 독자가 흥미를 가질 내용인지도 꼭 생각해야 해.

글의 재료가 되는 글감은 단순한 아이디어가 아니라 실제로 글이 될 내용들이야. 그래서 처음에 계획했던 글의 방향에 맞게 잘 구성해야 해. 처음 세운 글쓰기 계획을 기준으로 글감을 하나씩 만들어 가면 글쓰기가 훨씬 쉬워져. 내용 생성 방법을 잘 활용해서 글감을 차곡차곡 쌓아 가자.

1. 다음 빈칸에 맞는 말은?

> 글의 재료가 되는 글감을 마련하는 단계를 내용 _________ 단계라고 한다.

2. 다음 문장이 맞으면 O, 틀리면 X를 해 보자.

> 1) 신기하고 특별한 내용을 글에 활용할수록 글의 수준이 높아진다. (O / X)
>
> 2) 글을 쓰기 전 미리 계획한 내용들은 글 쓰는 전 과정에 계속 영향을 준다. (O / X)

3. 위 내용을 참고할 때, 좋은 글감으로 적절하지 않은 것은?

① 독자가 이해하기 쉬운 수준의 글감

② 주제를 잘 뒷받침해 주는 내용의 글감

③ 독자가 관심과 흥미를 보이는 내용의 글감

④ 독자의 관심은 적지만 미리 계획해 둔 글감

⑤ 평범할 수 있지만, 독자에게 필요한 내용의 글감

4. 글쓰기 계획을 세울 때 예상 독자를 생각하는 게 중요한 이유를 설명하고, 예상 독자를 고려하지 않으면 어떤 결과가 생길 수 있는지 써 보자.

더 알고 싶어 119　　　📖 도서　▶ 영상　🔍 사이트

📖 **『대통령의 글쓰기』 (강원국, 메디치 미디어, 2024)**
청와대 연설비서관이 8년간 직접 보고 들은 대통령의 글쓰기 핵심 노하우를 공개해 다른 사람의 마음을 움직이는 글이 어떤 글인지 알 수 있게 해 주는 책이야.

▶ **영화 〈파인딩 포레스터〉**
은둔한 작가가 젊은이에게 글쓰기의 기초와 독자를 생각하는 법을 가르치는 이야기를 담았어.

상상을 따라가다 보면
글감이 보이기도 래

자유롭게 떠오른 생각을 잡아서 풍성한 글감 만들기

쓸 내용을 고민하다 보면 생각이 꼬리를 물고 계속 이어질 때가 있어.
그런 생각이 떠올랐다면 얼른 메모하는 게 좋아. 안 그러면 불꽃처럼 금세 사라져 버리거든.
정리가 안 돼도 일단 적다 보면 나중엔 글 한 편이 뚝딱 완성될 거야.

학습 키워드　#생각포착하기 #브레인스토밍 #마인드맵
교과 연계　초4 > 국어 > 대상에 대한 자신의 의견과 그렇게 생각한 이유가 드러나게 글을 쓴다.
　　　　　　초6 > 국어 > 독자와 매체를 고려하여 내용을 생성하고 표현하며 글을 쓴다.

글쓰기의 재료가 되는 내용들을 생각하다 보면 내가 생각해도 정말 번뜩이는 아이디어가 떠오른 적 있지? 하지만 기발한 내용을 떠올린 자신을 기특해하며 또 다른 내용들을 고민하는 동안 그 아이디어가 금방 사라진 적도 있을 거야. 그래서 중요한 건 뭐다? 생각이 떠오르면 바로 기록하기야! 그 생각이 또 다른 생각을 부르고, 꼬리에 꼬리를 물며 계속 따라가다 보면, 글로 가는 길이 저절로 선명하게 보이기 시작할 거야.

생각을 자유롭게 펼칠 수 있는 방법 중 하나가 '브레인스토밍Brain storming'이야. 말 그대로 두뇌가 폭풍을 일으킬 수 있게 도와주는 방법이야. 좀 엉뚱하거나 말이 안 돼도 생각을 뻗어 나가다 보면 엉뚱한 생각 속에서 진짜 멋진 글감이 튀어나오게 되거든. 이때는 내용의 질보다는 양에 집중해야 해. 생각을 자유롭게 열어두면 그 안에서 분명 글쓰기에 적절한

내용이 얻어져. 〈학교 시험에서 성적 올리는 법〉에 대해서 브레인스토밍을 해 볼까? 내용의 중요도나 종류랑 상관없이 생각나는 대로 적어보자.

학교 시험에서 성적 올리는 법

시간 관리 잘하기	건강 관리하기	내신 기출 문제 풀기
정해진 시간에 꼭 공부하기	일정 시간 수면 취하기	교과서 2회독
수업 시간에 집중하기	스스로 테스트해 보기	스터디카페, 자습실 이용하기
공부 공간 정리하기	시험 범위 노트 정리하기	카페인 음료 적당히 마시기
집중을 방해하는 것 치우기	주간 일간 공부계획 세우기	모르는 것 바로 질문
친구와 함께 공부하기	밤샘 공부하지 말기	그날 배운 것은 그날 복습
온라인 강의 2번 반복 청취	친구들과 협력 학습하기	다음 시간에 배울 곳 예습
휴대폰 사용 시간 줄이기	시험 범위 문제집 1회 다 풀기	규칙적으로 쉬는 시간 갖기

이런 생각들은 종이에 써도 좋고 컴퓨터나 휴대폰 메모장에 써도 괜찮아. 중요한 건 '기록'하는 거야. 그게 바로 '글감'이 되거든. 기록된 것을 더 분석하고 발전시키면 좋아. 여기서 주제는 분명히 정하고 시작해야 해. 그래야 주제를 드러내는 데 도움이 되는 내용을 충분히 만들 수 있어.

이렇게 자유롭게 생각을 기록했다면 정리한 생각들을 비슷한 내용끼리 묶어서 정리해 보자. 비슷한 내용들끼리 묶은 것 자체가 글의 하위 주제가 되니까 내용을 조직하는 데 도움이 돼. 가령 '공부 공간 정리하기', '집중을 방해하는 것 치우기', '휴대폰 사용 시간 줄이기', '스터디

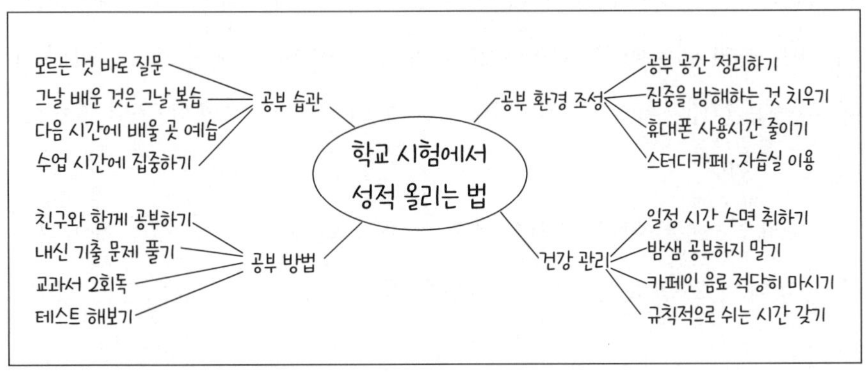

카페·자습실 이용하기'는 모두 '공부 환경 조성'과 관련한 하나의 항목으로 묶을 수 있어. 이런 과정을 글쓰기에서는 '내용 조직하기'라고 해.

생각을 뛰놀게 하는 또 다른 방법으로는 '마인드맵Mind Map'이 있어. 생각의 가지들을 눈에 보이게 쭉쭉 그려 주는 거야. '브레인스토밍'이 하나의 주제를 열어 두고 비슷한 내용끼리 묶으면서 하위 주제를 얻어나가는 방법이라면, '마인드맵'은 주제에 맞는 가지를 뻗고 계속해서 생각의 가지를 뻗어가는 방법이야. 아이디어가 떠오른 동시에 구조가 눈으로 보이는 도구라서 글쓰기할 때 많이 쓰여.

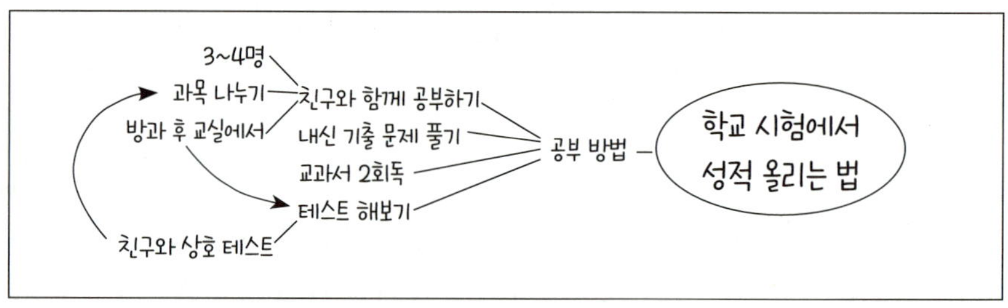

마인드맵은 정보의 흐름을 시각적으로 보여주기 때문에, 생각을 체계적으로 연결하면서 내용도 동시에 만들어 갈 수 있지. 그래서 내용이 복잡한 구조나 관계도 잘 드러나. 그래서 내용들의 연관성도 발견하기 쉽고, 다루는 내용도 다양한 각도에서 보고 종합할 수 있게 되는 거야.

마인드맵으로 내용을 만들면 하위 주제들의 내용들이 균형 있게 만들어졌는지 바로 확인할 수 있는 장점이 있어. 시각적으로 확인이 되니까 어떤 곳의 내용이 빈약한지, 또 너무 많은지 바로 알 수 있지. 이럴 때 부족한 곳은 내용을 더 만들고, 넘치는 곳의 내용은 지워서 균형 잡힌 글을 쓸 수 있어.

브레인스토밍이나 마인드맵으로 자기 안에 있는 글쓰기 아이디어들을 찾아내고, 발전시켜서 글 내용을 풍성하게 만들어 갔으면 좋겠어.

1. 다음 문장이 맞으면 O, 틀리면 X 해 보자.

> 1) 브레인스토밍할 때는 아이디어의 양보다 질을 우선시하는 것이 중요하다. (O / X)
>
> 2) 마인드맵은 생각의 흐름과 연결 관계를 시각화하는 데 도움이 된다. (O / X)

2. 브레인스토밍의 장점을 살리지 못하는 행동에 해당하는 것은?

① 엉뚱한 생각도 일단 기록한다.

② 키워드 중심으로 짧게 메모한다.

③ 아이디어의 양을 최대한 늘려본다.

④ 주제와 관련이 없는 생각도 일단 기록한다.

⑤ 사실에 부합하지 않는 것들은 바로 삭제한다.

3. '학기 초에 친구와 친해지는 방법'을 주제로 최소 다섯 개 이상의 아이디어를 브레인스토밍 방식으로 나열해 보자.

더 알고 싶어 119

📖 도서 ▷ 영상 🔍 사이트

📖 **『토니 부잔의 마인드맵 북』** (토니 부잔, 비즈니스맵, 2010)
마인드맵의 창시자인 토니 부잔이 데이터를 효율적으로 처리하고 정리하는 마인드맵의 필요성과 방법을 정리한 책이야.

▷ **일 잘하고 빨리 퇴근하려면 비주얼씽킹 하세요** (세바시 강연)
복잡한 생각을 효율적으로 정리할 수 있는 시각화 정리 방법을 이해하기 쉽게 설명해 주는 영상이야.

🔍 **마인드 마이스터** 온라인에서 마인드맵을 해 볼 수 있는 사이트야.

자료를 모으면 글이 풍성해진다고?

글에 살을 붙이는 비법

더 많은 독자의 마음에 닿을 글을 쓰고 싶다면 더 많은 자료를 찾아보는 게 좋아.
자료를 찾아보면 다른 사람들의 관점도 알 수 있고 여러 가지 자료의 특징도 느낄 수 있어.
이번 시간에는 자료를 어떻게 찾으면 좋을지, 어떤 자료들이 있는지 함께 살펴보자.

학습 키워드   #자료찾아삼만리 #자료가곧내용 #독자공감

교과 연계   초6 〉국어 〉독자와 매체를 고려하여 내용을 생성하고 표현하며 글을 쓴다.
중3 〉국어 〉복수의 자료를 활용하여 다양한 형식으로 정보를 전달하는 글을 쓴다.

브레인스토밍이나 마인드맵처럼 자기 머릿속에 있는 아이디어를 꺼내는 건 글쓰기에서 정말 효과적인 방법이야. 하지만 좀 더 많은 사람에게 깊이 있게 읽히는 글을 쓰고 싶다면 자료를 찾아서 내용을 만들어 보는 게 좋아. 독자는 여럿이기 때문에 취향·관심·삶의 방식이 다양해서 혼자만의 생각을 쓰기 보다 여러 자료를 참고해서 쓰면 글이 더 풍성해지고 깊이도 생겨. 그럼 자료를 어떻게 찾으면 좋을지 하나씩 알아보자.

인터넷 검색

휴대폰이나 컴퓨터로 포털 사이트에 키워드를 입력하면 바로 관련된 자료를 찾을 수 있어. 요즘엔 도서관에 직접 가지 않아도 책, 신문, 논문까지 인터넷으로 볼 수 있으니까 정말 편리해. 하지만 조심할 것도 있어.

여러 자료들이 많이 있지만 잘못된 정보도 섞여 있어서 믿을 만한 곳에서 찾는 게 중요해. 정부 기관, 교육 기관, 방송사에서 만든 뉴스 같은 자료는 비교적 신뢰할 수 있지만 그 밖의 정보들은 여러 번 검증을 해서 맞는 자료인지 확인해야 해. 가령 검색을 통해 어떤 자료를 찾았는데, 그 자료의 출처가 '국가데이터처'라고 되어 있는 경우에는 국가데이터처 사이트에 들어가서 해당 자료가 정말 있는지 확인해 보는 과정을 거쳐야 해.

문헌 자료

책이나 논문, 연구 자료 같은 문헌 자료에도 정말 좋은 정보들이 많아. 책은 출판되기 전에 여러 사람이 내용을 검토하니까 보통은 믿을 수 있어. 논문이나 연구 자료는 주제에 대해 깊이 연구한 결과가 담겨 있어서 구체적인 정보가 필요할 때 좋지. 다양한 책이나 연구를 참고해 출처를 정확히 밝히고 있어서 믿을 수 있다는 것도 논문이나 연구 자료의 장점이야. 인터넷 검색으로 찾을 수도 있지만 전체를 다 공개하지 않는 경우 도서관에 가야 하거나 유료로 구매해서 봐야 할 때도 있으니 이런 부분을 참고해서 활용하길 바라.

신문이나 뉴스

신문이나 뉴스에는 요즘 일어난 사건이나 사회의 문제가 담겨 있어서 독자의 관심을 끌 수 있는 내용을 찾기 좋아. 현장의 목소리나 다양한 통계 자료, 시청각 자료도 함께 소개돼서 글을 더 생생하게 만들 수 있어. 하지만 신문사나 방송사에 따라서 같은 사건이라도 서로 다르게 해석할 수 있기 때문에 가능하면 여러 신문이나 방송을 비교하면서 읽는 게 좋아. 그러면 균형 있는 글을 쓸 수 있을 거야.

통계 자료

주장이나 의견을 뒷받침하는 과정에서 시간의 흐름에 따른 변화, 사회·경제 상황 분석 같이 숫자가 들어간 정보가 필요할 때는 통계 자료가 딱이야! 독자가 이해하기 쉽고, 의도한 주제를 전달하기 좋거든. 예를 들어 급식 잔반을 줄이자는 주장을 할 때 우리 학교 급식 잔반이 매년 늘어나고 있는 상황을 보여주는 통계 자료를 제시하면 주장의 설득력을 높일 수 있어. 다만 숫자만 써 있으면 빨리 이해하기 어려우니까 아래와 같이 그래프나 표를 활용하면 훨씬 보기 쉬워.

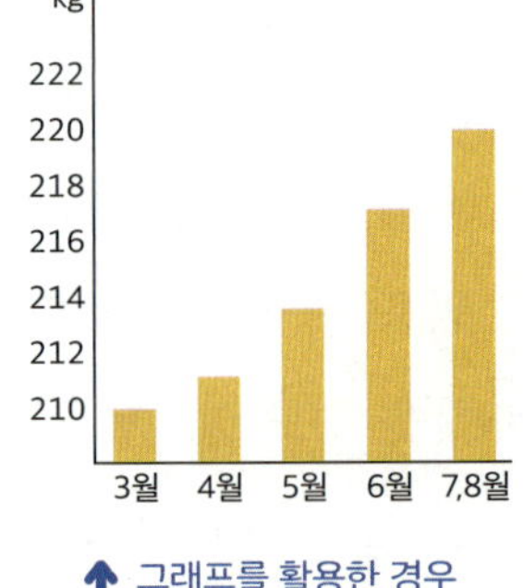

3월 잔반량	210.0kg
4월 잔반량	211.5kg
5월 잔반량	213.6kg
6월 잔반량	217.0kg
7, 8월 잔반량	220.0kg

⬆ 숫자만 써 있는 경우　　⬆ 그래프를 활용한 경우　　⬆ 표를 활용한 경우

국가데이터처 같은 기관이나, 연구소·대학의 학술 논문, 뉴스·신문 기사에서 통계 자료를 얻을 수 있어. 자료를 찾을 땐 위의 방법 중에서 하나만 고르지 말고, 최대한 여러 자료를 찾아보도록 노력해야 해. 어떤 자료는 신문에는 없지만 논문에 있을 수 있고, 뉴스에서 못 본 내용이 인터넷 자료에 있을 수도 있어. 글쓰기 재료가 풍성하게 모이면 이 중에서 필요한 내용을 고르는 과정도 필요해. 자료가 많을수록 글의 폭과 깊이가 넓어질 수 있으니까 글쓰기 전에 충분한 자료를 모아 보자.

1. 다음 빈칸에 알맞은 말은?

> 1) 글을 더 깊고 풍성하게 만들려면 머릿속 아이디어로만 글쓰기보다 다양
>   한 _______(을)를 찾아 참고하는 것이 좋다.
> 2) 같은 사건이라도 매체마다 다르게 해석할 수 있어서 _______ 있는 글을 쓰려
>   면 여러 신문이나 방송을 비교하며 읽는 게 좋다.

2. 다음 중 신뢰성이 가장 낮은 자료는?

① 정부 기관에서 발행한 자료　　　② 교육 기관에서 발행한 연구 자료
③ 개인 블로그를 통해 발행된 자료　　④ 신문이나 뉴스 방송사에서 제공한 자료
⑤ 국가데이터처에서 분석하여 정리한 보도 자료

3. '학교 과제에서 챗GPT와 같은 AI 도구의 사용을 어디까지 허용할 것인가?'라는 주
   제로 글을 쓴다고 할 때 이 글에 제시된 자료 중 어떤 자료를 활용할 것인지 두 개만
   찾아 적어 보자.

자료의 유형	실제 자료
예) 뉴스 자료	챗GPT로 과제를 수행하는 경우가 많아지면서 스스로 생각하고 과제를 해결하는 학생이 줄어들고 있다는 내용의 뉴스 보도

더 알고 싶어 119

📖 도서　▷ 영상　🔍 사이트

📖 『**세상을 바로 보는 힘 통계 안목**』(송인창&최성호, 바틀비, 2023) 통계 전문가인 두 명의
작가가 통계 왜곡에 속지 않고 통계를 읽어내는 방법을 최신 한국 사회의 쟁점을 바탕으
로 흥미롭게 엮어 놓은 책이야.

▷ **시각 자료 이해·활용 능력 어떻게 높일 수 있을까? (KICE 한국교육과정평가원)**
다양한 시각 자료의 종류 및 특징들을 설명하고, 어떻게 읽어나갈 것인지 자세히 설명해
주고 있어.

🔍 **국가데이터처 (구 통계청)** 국가데이터처국가의 정책 운영과 관련한 다양한 지표들을 조사
하고, 통계를 내는 기관이야. 정부에서 운영하기 때문에 글쓰기에 필요한 자료가 있을 때
신뢰할 만한 정보를 얻을 수 있어.

전문가에게 묻는 법, 인터뷰의 기술

전문가에게 직접 듣는 깊은 이야기

글을 쓰다 보면 '이거 어디에 물어봐야 하지?' 싶은 순간이 생겨.
그럴 땐 그 분야를 잘 아는 전문가를 만나서 인터뷰해 보면 구원자를 만난 기분일지도 몰라.
전문가와 이야기하면 글이 훨씬 깊어지고, 믿을 만한 정보도 얻을 수 있거든.
자, 인터뷰! 어떻게 하면 잘 할 수 있을까?

학습 키워드　#전문가인터뷰　#자료인용　#전문지식

교과 연계　초6 〉 국어 〉 적절한 근거를 사용하고 인용의 출처를 밝히며 주장하는 글을 쓴다.
중3 〉 국어 〉 복합양식 자료를 활용하여 내용을 생성하고 글의 유형을 고려하여 내용을 조직하며 글을 쓴다.

인터뷰는 대화를 나누는 '말하기'의 하나지만 우리가 친구들과 수다 떠는 대화랑은 달라. 글을 쓸 때 필요한 내용을 얻기 위해, 그 주제를 잘 아는 전문가와 나누는 '목적 있는 대화'가 인터뷰야. 앞에서 말한 책이나 인터넷만 보고도 글을 쓸 수 있지만 인터뷰를 하면 글의 깊이가 달라져.

우주에는 우리가 아는 것보다 더 많은 비밀이 숨겨져 있답니다. 우주 과학자인 김OO 교수님은 우주에 숨겨진 비밀들엔 어떤 것이 있을지에 대한 저의 질문에 "우주에는 우리가 아직 발견하지 못한 수많은 별이 존재합니다. 이 별들은 우리에게 새로운 가능성을 열어줄 것입니다. 앞으로 화성에 사람을 보내거나, 더 먼 행성까지도 탐사하는 게 가능해질 겁니다."라고 답했어요. 인간이 어떻게 우주의 공간을 탐사할 수 있게 되는 걸까요? 그 비밀을 김OO 교수님과의 인터뷰 내용을 통해 풀어드릴게요.

앞의 글은 〈우리가 모르는 우주의 비밀〉이라는 글을 쓸 때, 전문가 인터뷰를 바탕으로 도입부를 써 본 거야. 이렇게 그 분야 전문가와 인터뷰한 내용을 넣으면 독자의 관심도 더 받을 수 있고 글 내용에 신뢰도 생겨. 전문가에게 직접 얻은 정보여서 내용에 대한 권위까지 생기지. 물론 전문가도 주관적인 생각을 가진 개인이기 때문에 늘 정답만 말한다고 볼 수는 없어. 그래서 다른 자료랑 비교하거나 또 다른 전문가의 의견을 참고해 글을 쓰면 더 정확하고 객관적인 글이 돼. 그리고 전문가의 말이나 자료를 쓸 때는 저작권을 지켜야 하고, 사용하기 전에 동의를 받는 게 순서야.

인터뷰의 또 다른 장점은 궁금한 것을 바로바로 물어볼 수 있다는 거야. 인터넷이나 책은 내가 찾는, 딱 맞아떨어지는 적절한 내용이 없을 때가 있는데, 전문가 인터뷰는 실시간으로 물어볼 수 있잖아. 그러면 그 자리에서 궁금증을 풀 수 있고, 더 깊이 있는 질문도 이어서 할 수 있어. 이렇게 하면 구체적인 사례까지 얻을 수 있어서 글이 훨씬 풍성해져.

인터뷰는 이렇게 장점이 많지만, 인터뷰가 항상 쉬운 건 아니야. 전문가와 시간을 맞추기 어렵거나 직접 만나기 힘든 경우도 있어. 이럴 때는 영상 통화나 화상 회의, 전화나 이메일로 인터뷰를 진행할 수 있어. 이것도 어렵다면, 다른 전문가를 찾아보거나 기존에 나와 있는 자료를 찾아보는 방식으로 바꾸어야 해.

전문가와 인터뷰를 한다면 바쁜 시간을 내준 전문가를 최대한 존중하는 태도를 보이고, 시간이 제한되어 있으니 효율적으로 시간을 관리해서 인터뷰의 목적을 최대한 달성해야 한다는 걸 꼭 기억해.

전문가와 인터뷰할 때 꼭 기억해야 할 것

- **목적을 분명히 하기:** 인터뷰에서 무엇을 얻고, 얻은 내용을 어떻게 활용할 것인지 먼저 정해야 해. 독자의 흥미 유발을 위해 글의 도입부에만 짧게 넣을지, 주제를 깊이 탐구하기 위해 글 전체 내용을 채울 건지, 아니면 사례 중 하나로 쓸 건지에 따라 인터뷰의 시간, 질문 내용이 달라져.

- **질문 준비하기:** 인터뷰는 '질문-답변'이 반복해서 오가는 거라, 좋은 질문이 좋은 답을 끌어내. 질문이 모호하면 모호한 답만 나와. 그래서 구체적인 질문을 미리 적어 질문지를 준비해야 해. 질문지를 준비하되, 인터뷰 중에 새로 궁금한 게 생기면 즉석에서 물어봐도 돼. 인터뷰에서 얻은 내용은 글쓰기의 재료이기 때문에 전문가의 답변은 꼭 꼼꼼히 기록해야 해.

- **전문가 배려하기:** 인터뷰 시간과 장소는 전문가의 입장을 먼저 생각해서 정하고, 인터뷰하는 동안 편안하게 대화를 나눌 수 있도록 전문가의 말을 경청하는 태도를 보여야 해. 미리 작성한 질문지를 인터뷰 전에 미리 전달하는 것도 좋은 방법이야. 길지 않은 인터뷰 시간에 전문가도 답을 생각하느라 시간을 허비하지 않을 수 있고, 대답을 미리 생각해서 올 수 있기 때문에 더 좋은 답변을 들을 수 있거든.

검색으로는 얻기 힘든 깊이 있고 살아 있는 자료를 얻는 전문가 인터뷰를 잘 활용하면, 앞으로 쓰는 글의 수준이 한층 더 깊어지는 경험을 하게 될 거야.

1. 다음 빈칸에 알맞은 말은?

> 1) 인터뷰는 친구들과 수다 떠는 대화가 아니라 _________ 있는 대화다.
> 2) 전문가 발언이나 자료를 사용할 때는 _________(을)를 지키고 동의를 받아야 한다.

2. 다음 문장이 맞으면 O, 틀리면 X 해 보자.

> 전문가 인터뷰의 장점은 이미 전문성을 지닌 사람과의 대화를 바탕으로 글을 쓰기 때문에 굳이 다른 자료와 비교하며 검증할 필요가 없다는 점이다. (O / X)

3. 인터뷰에 대한 설명으로 가장 적절한 것은?

① 미리 계획하지 않은 즉석 질문은 하지 않는다.
② 인터뷰를 통해 얻은 내용은 전체를 그대로 글에 싣는다.
③ 생생한 이야기를 듣기 위해 인터뷰 주제는 현장에서 정한다.
④ 내가 원하는 내용을 말할 수 있게 내가 의도한 질문 위주로 한다.
⑤ 시간, 장소, 예상 질문 등을 미리 전달해 인터뷰에 편히 임할 수 있게 한다.

4. 전문가와의 인터뷰를 통해 얻은 자료가 기존 자료와 다를 때, 어떻게 하면 글의 신뢰성과 객관성을 유지할 수 있을까?

👍 더 알고 싶어 119

📖 도서　▷ 영상　🔍 사이트

📖 『**인터뷰하는 법**』 (장은교, 터틀넥프레스, 2024) 인터뷰의 기획부터 전문가 섭외, 진행, 콘텐츠로 정리하는 법을 친절하게 안내하고 있는 책이야.

▷ **아이에게 "공부 왜 해요?" 물었더니 돌아온 의외의 대답 (EBS 다큐)**
다양한 환경에서 자라 서로 다른 의견을 가진 학생들이 인터뷰에 응하는 영상을 통해 어떤 식으로 질문과 대답이 오가는지 살펴보면 좋아.

🔍 **"질문 잘하는 사람 구해요"…요즘 뜨는 이 직업 (한국경제신문. 선한결의 IT포커스)**
질문을 잘하는 것이 얼마나 중요한지 알려 주는 글이야. 인터뷰를 잘하기 위한 질문 만들기가 잘 되면, 우리가 얻게 되는 장점이 크다는 것을 알 수 있을 거야.

자료를 너무 많이 모으면 왜 글이 어려워질까?

좋은 자료만 남기는 게 비결

맛있는 음식을 만들려고 장을 봐 왔다고 생각해 봐. 그런데 사 온 식재료를 남기기 아깝다고 전부 넣으면 음식 맛은 어떻게 될까? 글을 쓸 때도 비슷해. 자료를 잔뜩 모았다고 해서 다 넣어 버리면 글이 산만해지고 하고 싶은 이야기가 흐려져 버려.

학습 키워드   #자료생성 #중요도분석 #자료의명확성

교과 연계   중3 〉 국어 〉 쓰기 과정과 전략을 점검·조정하며 글을 쓰고, 독자를 고려하여 글을 고쳐 쓴다.
고1 〉 국어 〉 신뢰할 수 있는 정보를 종합하여 복합양식 자료가 포함된 공동 보고서를 쓴다.

글을 쓰기 전에는 여러 출처에서 많은 자료를 모아야 하지만 그걸 다 쓰는 건 좋은 방법이 아니야. 모은 자료가 아깝다고 글에 모두 넣으면 글이 산만해지고 쓰려던 목표를 달성하지 못할 수도 있어. 자료를 충분히 모았다면 이제는 그중에서 글에 쓸 걸 골라야 해. 중요도가 높은 것 위주로 남기는 거야. 다음은 자료를 고를 때 물어보면 좋은 질문이야.

중요도 분석을 위한 질문	낮음				높음
글의 주제와 자료의 관련성이 높은가?	1	2	3	4	5
독자가 흥미를 느낄 만한가?	1	2	3	4	5
독자가 이해하기 쉬운가?	1	2	3	4	5
내용이 명확한가?	1	2	3	4	5
자료의 내용이 흔하지 않고, 독창적인가?	1	2	3	4	5

　자료를 고를 때 제일 먼저 생각할 것은 글의 주제와의 관련성이야. 일부 내용에 주제가 담겨 있어도 글 전체 주제와 관련되지 않으면 사용할 수 없어. 아래의 표를 보자.

글의 주제: 환경 오염으로 인한 생태계 파괴 문제의 심각성

찾은 자료
해양 쓰레기에 걸려 위험에 처한 바다 생물들 사진
아마존 열대우림 파괴가 미치는 영향을 언급한 전문가 인터뷰 자료
서식지 파괴와 기후 변화 때문에 멸종위기종이 된 하늘다람쥐 기사
온실가스 배출의 영향으로 생물 다양성이 감소함을 보여주는 통계 자료
호주, 하와이 등의 생태계 균형을 무너뜨리는 아프리카 황소개구리 기사

　'환경 오염으로 인한 생태계 파괴 문제의 심각성'에 대한 자료를 찾았다고 할 때, 5개 중 주제와 관련성이 가장 떨어지는 것은 무엇일까? 생태계 균형을 무너뜨린다는 이야기가 있어서 아프리카 황소개구리 기사를 언뜻 보았을 때는 생태계 파괴와 관련이 있는 것처럼 느껴질 수 있어. 하지만 이건 환경 오염이 아니라 외래종 문제라 이 주제에는 맞지 않아.

　또 주제와 관련이 높더라도 독자가 너무 어려워하는 자료라면 사용할 건지 고민해 봐야 해. 비슷한 자료가 여러 개 있다면 그중에서 독자 수준에 맞는 자료로 고르면 돼. 만약 독자 수준에는 어렵지만 글에 꼭 필요한 자료라면, 독자가 쉽게 이해하고 흥미를 느낄 수 있게 재구성하는 게 좋아. 그리고 자료의 명확성도 중요해. 내용이 모호해서 전달하려는 정보의 명확성이 떨어지면 글에 넣기 좋지 않아. 다음의 자료를 사용해도 좋을지 정보의 명확성 측면에서 생각해 볼까?

'경제 상황이 좋지 않다'는 내용이 구체적인 수치나 예시 없이 막연하게 의견만 들어가 있어서 명확성이 떨어져. 다양한 경제 자료 분석이나 상황 개선을 위해 애써야 하는 주체가 누구인지도 나와 있지 않아. 노력하면 상황이 나아질 거라며 막연하게 낙관하고 있는 것도 내용의 명확성을 떨어뜨리고 있어. 이런 자료로 글을 쓰면 글이 모호하고 불명확해져.

마지막으로 내용의 독창성도 자료를 사용할지 말지 결정하는 요인이야. 독창성이 없어도 한 편의 글이 완성될 수 있지만 독창성이 있으면 독자의 눈길을 더 끌 수 있거든. 비슷한 내용의 자료라면 독창성이 있는 자료를 골라야겠지. 두 개의 자료를 살펴보자.

적인 영향을 미친다는 결과가 나왔습니다. 특히, 재택근무를 통해 직원들이 가족과의 시간을 늘리며 더 나은 업무 만족도를 경험하고 있음이 드러났죠. 이렇게 기술의 발전은 우리 삶의 질을 향상하는 방향으로 나아가고 있는 것입니다.

어떤 글이 더 독창적으로 느껴져? 두 글 모두 현대 사회에서 기술의 발전이 우리 삶에 영향을 주고 있다고 쓴 건 같지만 조금 더 독창적인 글은 두 번째 글이야. 단순히 기술의 보급만을 말하지 않고 그게 우리 삶의 질을 높이는 방향으로 가고 있다고 강조하고 있거든. 또 정보 전달을 넘어, 업무 만족이나 가족과의 시간을 더 보낼 수 있게 됐다는 구체적인 사례를 덧붙여 독자의 공감을 이끌어 냈어. 첫 번째 글은 일반적 정보여서 독자가 다른 데서도 흔히 볼 수 있는 내용이 되었지만 두 번째 글은 독자의 삶과 연결해서 독창성 있는 글이 되었어.

이렇게 다양한 자료 중 글에 사용하기 적절한 자료들을 골라서 글을 구성하면 글쓴이의 의도를 잘 전달할 수 있고 독자에게 매력적으로 다가갈 수 있어.

1. 다음 빈칸에 알맞은 말은?

> 1) 자료를 고를 때 가장 먼저 볼 기준은 글의 주제와 ___________(이)가 얼마나 있는가이다.
> 2) 찾아낸 자료들이 많을 때는 ___________(을)를 분석할 수 있는 질문을 던져보며 자료를 골라보도록 한다.

2. 다음 문장이 맞으면 O, 틀리면 X 해 보자.

> 최대한 많은 자료를 사용하여 글의 내용을 뒷받침하는 것이 좋다. (O / X)

3. 윗글의 내용으로 보아 비슷한 자료들을 여러 개 찾은 경우엔 어떻게 하는 것이 가장 좋을까?

① 아무거나 하나의 자료만 선정하도록 한다.
② 모두 사용하되 글에 다양하게 배치하도록 한다.
③ 자료 중 가장 유명한 작성자의 자료로 선정한다.
④ 통계, 그래프가 가장 많이 첨부된 자료를 선정한다.
⑤ 독자의 이해 수준에 가장 잘 맞는 자료를 선정한다.

4. 주제와 관련성이 높은 자료라도 독자가 어려워한다면 자료를 재구성하거나 대체해야 해. 자료의 재구성한다면 어떤 방법이 좋을까?

더 알고 싶어 119

📖 도서　▶ 영상　🔍 사이트

📖 『인터넷에서 찾은 미디어 리터러시 이야기』 (홍미선, 리틀씨앤톡, 2024)
편리하고 유용한 인터넷이지만, 자칫하면 편향된 지식만 받아들일 수 있는 상황에서 제대로 미디어를 접하고 정보를 수집할 수 있게 안내해.

🔍 국립중앙도서관
방대한 자료들을 모아둔 사이트로 나에게 필요한 자료들을 찾아볼 수 있어.

믿을 만한 자료, 어떻게 구별할 수 있을까?

믿을 수 있는 자료만 써야 하는 이유

지식 정보 사회라고 하는 요즘은 책뿐 아니라 인터넷에서도 정보를 엄청 쉽게 찾을 수 있어.
그런데 그 정보를 다 믿어도 될까? 내 글을 독자가 믿을 수 있게 하려면
믿을 만한 자료로 글을 써야 해. 자료의 신뢰성을 높이는 방법은 무엇일까?

학습 키워드 #자료의신뢰성 #자료의출처 #균형있는관점
교과 연계 초6 〉 국어 〉 적절한 근거를 사용하고 인용의 출처를 밝히며 주장하는 글을 쓴다.

정보가 넘쳐나는 세상에서 중요한 건 '많이 아는 것'이 아니라 '제대로 아는 것'이야. 우리가 찾은 자료는 대부분 다른 사람들이 만든 거라서 항상 객관적이고 맞다고 할 수는 없어. 그래서 글을 쓸 때는 찾아낸 자료들을 그냥 쓰면 안 되고 신뢰할 수 있는 자료인지부터 확인해야 해. 그렇지 않으면 글의 내용이 잘못될 수 있고, 결국 문제가 있는 글이 돼. 이렇게 되면 독자의 신뢰도 잃고, 심하면 내 글로 곤란해지는 사람이 생길 수도 있어.

예를 들어 코로나19가 한창일 때 이란에서는 '메탄올을 마시면 코로나19를 예방할 수

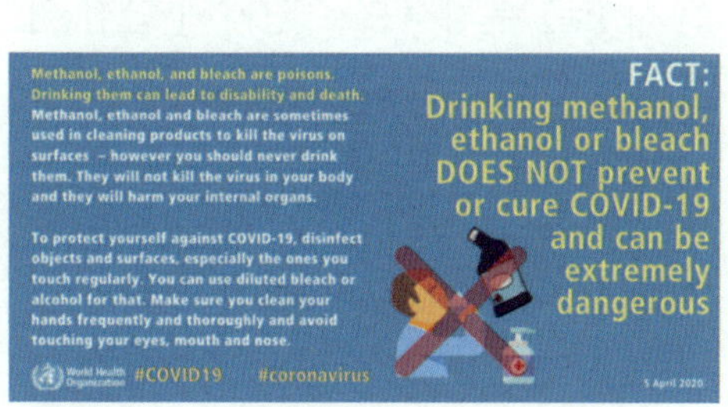

⬆ 메탄올을 마시는 것의 위험성을 알리는 팩트체크 내용 (세계보건기구)

있다'는 가짜뉴스가 돌았어. 이걸 믿고 마신 사람 중 500명 이상이 목숨을 잃었지. 이 가짜뉴스를 퍼뜨린 사람들도 나쁜 마음은 없었을 거야. 하지만 자료의 신뢰성을 확인하지 않은 결과가 이런 비극을 만든 거야.

조금 극단적 사례일 수 있지만, 확인되지 않은 자료로 글을 쓰면 이렇게 글쓴이의 의도와는 다른 결과가 나올 수 있어. 그렇다면 어떻게 해야 자료의 신뢰성을 확인할 수 있을까?

자료의 출처 확인하기

인터넷에 있는 글은 출처가 분명하지 않은 경우가 많아. 블로그나 카페에 올라온 글도 운영자가 직접 쓴 게 아니라 다른 곳에서 가져온 경우가 많지. 그래서 가볍게 읽는 정도가 아니라 글쓰기에 활용하려면 그 내용을 최초에 작성한 사람(저자)이 누구인지, 어느 곳에서 발행된(발행처) 것인지 확인해야 해. 저자나 발행처가 없는 것, 출처가 분명하게 확인되지 않은 것은 사용하지 않는 게 좋아.

자료의 공정성 검토하기

같은 사건도 누가 쓰느냐에 따라 다르게 보일 수 있어. 예를 들어 정부의 어떤 정책을 어떤 사람은 우호적으로 평가해 장점 위주로 쓰고, 어떤 사람은 부정적으로 평가해 단점 위주로 쓸 수 있어. 한쪽 의견만 담긴 자료로 글을 쓰면 불공정하다고 느껴질 수 있기 때문에 자료가 특정 입장에 치우쳐 쓴 건 아닌지 검토해 보고, 다른 관점의 자료도 함께 찾아 비교해서 균형 있는 시각으로 글을 쓰는 게 중요해.

최신 정보인지 확인하기

세상은 빨리 변해. 예전 자료가 지금은 맞지 않을 수도 있어. 불과 몇 년 사이에 제도가 바뀌어 지금은 해당되지 않는 것도 있지. 수집한 자료가 글의 주제와 관련된 최신 정보를 반영한 것인지, 현대의 독자들에게 도움이 되는 내용인지 검토해 봐야 해. 예를 들어 '공부 효율을 높이는 학습 전략'을 주제로 글을 쓰려고 찾은 자료가 '문과·이과에 따라 다른 학습 전략'이라면 이 정보는 최신 정보라고 할 수 있을까? 2022년 수능부터는 문과와 이과가 통합되어서 이 자료는 최신 자료라고 볼 수 없어. 내용이 아무리 좋아도 제대로 사용할 수 없는 자료야. 그래서 자료의 발행 시기를 꼭 확인하고, 그게 지금 독자에게 필요한 내용인지 확인해야 해.

내용이 정확한지 점검하기

자료에 나오는 숫자, 통계, 데이터가 맞는지 꼭 확인해. 다른 사람이 가공하는 과정에서 분석이 잘못되어 오류가 있으면 그 자료로 쓴 글에도 문제가 생길 수 있기 때문이야. 통계나 데이터가 나온 원본 자료를 직접 확인하고, 원본 자료와 인용한 내용이 맞는지 검토해야 해. 같은 주제로 쓴 다른 자료도 비교해서 결과가 일관되는지 살펴보면 내용의 정확성을 점검하는 데 도움이 될 거야.

1. 다음 빈칸에 맞는 말은?

> 1) 한쪽 입장에서만 서술된 자료로 글을 쓰면 _______(이)가 떨어질 수 있으므로 균형 있게 내용을 살필 필요가 있다.
> 2) 인터넷에 있는 글을 가져다 글감으로 쓰려면 그 내용의 최초 _______(와)과 _______(을)를 꼭 확인해야 한다.

2. 위 내용을 이해한 것으로 적절하지 않은 것은?

① 자료에 나온 숫자, 통계, 데이터 등이 틀릴 수도 있으니 원본 자료를 꼭 확인해야겠어.

② 인터넷에 있는 글들은 출처가 분명하지 않은 경우가 많으니 자료 활용에 유의해야겠어.

③ 우리가 글쓰기에 활용하는 자료 대부분은 다른 사람들이 이미 만들어 놓은 것들이겠군.

④ 나의 관점에 가까운 자료들 위주로 찾아서 글에 활용하면 더욱 정확한 내용을 전달할 수 있겠어.

⑤ 자료의 신뢰성을 검증하지 않으면 글의 내용에 따라 독자가 곤란한 상황에 놓이는 일이 생길 수 있겠어.

더 알고 싶어 119

📖도서　▷영상　🔍사이트

📖 **『팩트풀니스』 (한스 로슬링·올라 로슬링·안나 로슬링 뢴룬드, 김영사, 2019)**
빈곤, 교육, 환경, 에너지, 인구 등 다양한 영역에서 우리의 선입견을 깰 수 있는 다양한 통찰을 제시해줘서, 사실에 근거하여 세상을 보는 것의 중요성을 깨닫게 될 거야.

▷ **다큐멘터리 〈거대한 해킹(The Great Hack)〉 (넷플릭스)**
허위 정보의 확산과 그 영향력을 다루고 있어서, 정확한 정보의 중요성을 느낄 수 있어.

🔍 **문체부, '악성 정보 전염병' 가짜뉴스 퇴치 전면 강화… (대한민국 정책브리핑, 2023)**
가짜뉴스의 해악을 정부에서도 알고 퇴치하고자 노력 중임을 알고, 우리도 글을 쓸 때 가짜인지 아닌지 판단하려는 노력이 중요하다는 것을 기억하자.

출처를 밝히지 않으면 어떤 문제가 생길까?

정직한 글쓰기가 좋은 글쓰기

돈이나 보석같이 눈에 보이고 손에 잡히는 것만 재산일까? 아니야. 인간이 지적 능력으로 만든 음악, 글, 영화, 그림 같은 창작물들도 모두 '재산'이야. 그래서 다른 사람이 노력해서 만든 자료를 허락 없이 가져다 쓰면 안 돼. 그렇다면 어떻게 써야 할까? 방법이 있어.

학습 키워드　#저작권 #출처표시 #정보윤리 #지식재산권

교과 연계　초6 〉국어 〉적절한 근거를 사용하고 인용의 출처를 밝히며 주장하는 글을 쓴다.
　　　　　　　중3 〉국어 〉복수의 자료를 활용하여 다양한 형식으로 정보를 전달하는 글을 쓴다.

어느 유명 작가가 다른 사람의 문장을 그대로 쓰면서 출처를 밝히지 않아 논란이 일어난 적이 있어. 그 작가는 결국 독자의 신뢰를 잃고 출판 계약까지 취소됐어. 주변에도 비슷한 경험이 있을 거야. 숙제를 해야 하는데 시간이 없어서 인터넷에 있는 글을 조금만 바꿔서 제출하는 것 말이야.

우리는 다른 사람의 물건을 훔치면 안 된다는 건 잘 알아. 하지만 다른 사람의 글이나 자료를 가져다 쓰는 건 대수롭지 않게 여길 때가 많아. 아마도 '생각'이라는 건 눈에 안 보이니까 그런가 봐. 물건을 가져다 쓸 때와 달리, 글이나 자료는 허락 없이 써도 빈자리가 생기지 않으니까 몰래 가져다 써도 아무 문제가 없을 것만 같은 거지.

그러나 우리가 참고하는 책, 인터넷 게시글, 논문 자료, 기사 같은 자

료들은 모두 누군가가 만든 거야. 그 자료를 만든 사람이 있고 그 사람의 노력과 시간이 들어간 소중한 결과물이지. 그러니 꼭 출처를 밝혀야 해. 자료를 만들어 내기까지 애쓰고 노력한 창작자의 지식 재산권을 존중해야 계속해서 좋은 자료들이 세상에 나올 수 있어. 정직한 글쓰기, 창작자의 지식 재산권을 존중할 수 있는 방법은 이거야.

원본 자료의 출처를 찾기

인터넷에서 검색한 자료도 원래는 책이나 신문 같은 1차 자료에서 온 경우가 많아. 가능하면 자료의 원본을 찾아서 출처를 확인하는 게 좋아. 퍼 나르는 과정에서 옮긴 사람이 자기의 생각을 덧붙이거나 요약하면서 원래 자료의 의미가 달라지기도 하거든. 가공된 2차 자료 말고, 원본이 있는 1차 자료를 찾아 출처를 확인하자.

자료의 이용 조건을 확인하기

어떤 자료는 창작자가 자유롭게 이용하게 허락하기도 하고, 어떤 건 아예 못 쓰게 하기도 해. 자료 사용을 허용하지 않는다면 글쓰기 자료로 쓸 수 없으니 자료를 만드는 단계에서 미리 살펴봐야 해. 창작자가 사용을 허락하는 경우라도 자료마다 이용 조건이 다를 수 있으니까 꼼꼼히 보자. 이런 표시(CCL 기호)를 보고 조건을 지켜야 해.

자유이용허락(CCL) 저작물의 이용 조건 표시 기호 및 설명

- **저작권 정보 표시**: 저작물·저작자명, 출처, CCL 조건을 반드시 표시
- **비영리**: 영리목적으로 사용할 수 없으며, 영리목적의 이용을 위해서는 저작권자와 별도의 계약이 필요
- **변경 금지**: 저작물을 변경하거나 저작물을 이용하여 새롭게(2차 저작물) 제작하는 것을 금지
- **동일 조건 변경 허락**: 저작물을 이용하여 새롭게 저작물(2차 저작물)을 제작하는 것은 허용하되, 새로운 저작물에 원 저작물과 동일한 라이선스를 적용해야 함

자료의 이용 조건을 지키면 글쓰기에 활용할 수 있지만 이용 조건을 안 지키면 글을 다 쓴 뒤에 다시 수정해야 하거나 아예 사용할 수 없게 될 수 있어. 창작자가 저작권에 대한 소송을 제기하면 법적 분쟁에 휘말릴 수도 있지. 그러니 본격적인 글쓰기 단계로 가기 전인 내용 생성 단계에서 꼭 자료의 이용 조건을 확인하는 게 좋아.

1. 다음 빈칸에 알맞은 말은?

출처를 밝혀야 하는 이유는 창작자의 _______________(을)를 존중하기 위해서다.

2. 다음 문장이 맞으면 O, 틀리면 X 해 보자.

인터넷 자료는 원래 책·신문 등 1차 자료에서 온 경우가 많으니 원본을 확인하는 것이 바람직하다. (O / X)

3. 찾은 자료에 '동일 조건 변경 허락'이라고 되어 있다면 어떤 의미일까?

① 저작자를 표시하지 않고 마음대로 변형해서 사용해도 된다.
② 출처를 밝히면 다른 조건은 무시하고 자유롭게 사용해도 된다.
③ 원자료를 고치는 게 불가능하며, 원자료 그대로 사용해야 한다.
④ 영리 목적 사용하는 경우를 제외하고는 자유롭게 사용해도 된다.
⑤ 2차 창작은 가능하지만 원 저작물과 같은 라이선스를 적용해야 한다.

4. 인터넷에서 찾은 2차 자료를 사용하려 할 때, 원본 자료를 찾지 못했다면 어떻게 해결할 수 있을까?

더 알고 싶어 119　　　　　📖 도서　▷ 영상　🔍 사이트

📖 『이제는 알아야 할 저작권법』 (정지우·정유경, 마름모, 2023)
　　저작권의 개념과 원리, 종류 등을 쉽고도 자세하게 풀어내고 있어서 글을 쓰기 전에 잘 알아두면 저작권과 관련한 분쟁에 휘말리지 않을 수 있는 내용들이 가득해.

▷ 도대체 누구의 것? AI 저작권 궁금타파! (대한상공회의소)
　　내가 직접 명령어를 작성해 AI로 만든 그림의 저작권은 누구에게 있을지 살펴 보며, 저작권의 의미를 생각해 보자.

🔍 공유마당 Creative Commons License(자유이용허락표시) 저작물에 대한 설명이야.

설명하는 글, 정보는 어떻게 구성할까?

독자가 쉽게 이해할 수 있는 전략

설명문, 보고서, 안내문 같은 정보를 전달하는 글을 읽었는데 무슨 말인지 잘 모르겠으면 어떨까? 그런 글은 정보를 잘 전달했다고 할 수 없어. 독자가 정보를 쉽게 이해하는 글을 쓰려면 글을 쓰기 전 내용 생성 단계에서부터 효과적인 전략이 필요해.

학습 키워드 #정보전달 #설명문 #보고서 #안내문
교과 연계 초6 〉 국어 〉 알맞은 내용을 선정하여 대상의 특성이 나타나게 설명하는 글을 쓴다.
　　　　　　중3 〉 국어 〉 복수의 자료를 활용하여 다양한 형식으로 정보를 전달하는 글을 쓴다.

　　과학 시간에 실험을 마치고 보고서를 써 본 적 있을 거야. 과학 실험 보고서는 실험을 어떤 과정으로 했는지 설명하는 글이야. 정보를 전달하는 글에 속하지. 독후감이나 일기가 주관적인 생각을 드러내는 글이라면, 설명문, 보고서, 안내문 같이 정보를 전달하는 글은 사실에 바탕을 둔 객관적인 성격의 글이야. 그래서 이런 글의 내용을 쓸 땐 글의 성격에 맞는 자료를 생성해야 해. 그럼 정보를 전달하는 글을 쓸 때는 어떤 자료를 준비하면 좋을까?

시각 자료 준비하기

　　관광 안내문에 사진이나 지도가 한 장도 없다면 어떨까? 새 가구 조립 설명서에 그림이 없이 말로만 설명되어 있다면 어떨까? 어찌저찌 목

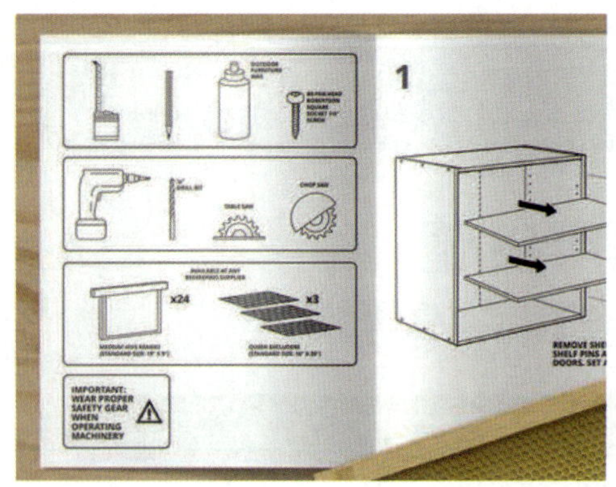

↑ 가구 조립 설명서

적지에 도착하고, 가구 조립을 완성할 수는 있겠지만 훨씬 오래 걸리고 어렵게 느껴질 거야. 그래서 글을 쓰기 전에 사진, 도표, 그림 같은 시각 자료를 충분히 준비하면 독자가 훨씬 쉽게 이해할 수 있어. 이런 도표, 지도, 그림, 사진 같은 자료와 그 자료에 대한 분석 내용들도 함께 찾아보도록 하자.

설문 및 통계 자료 준비하기

'효과적인 건강 관리 방법'에 대한 글을 쓴다고 해 보자. 그냥 운동 방법이나 식습관을 나열해서 설명하는 것보다 운동이 건강에 미치는 영향을 보여주는 통계 자료를 넣는 것이 더 효과적일 거야. 객관적인 정보로 신뢰성도 얻고 복잡한 정보를 시각 자료로 보여주면 독자가 쉽게 이해할 수 있기 때문이지. 여기에 사람들이 어떤 건강 관리 방법을 쓰는지 설문 자료까지 있으면 독자들은 다른 사람들의 효과적인 건강 관리 방법에 대한 정보까지 얻을 수 있게 될 거야. 혹시 원하는 통계 자료를 찾지 못했다면, 직접 설문지를 만들어 학교나 동네 사람들에게 설문조사를 하고 결과를 정리해서 써도 돼.

실험 및 관찰 자료 준비하기

'소음이 학습 효율에 미치는 영향'이라는 글을 쓰려면 실험이나 관찰 자료가 없이는 곤란할 거야. 기존 자료를 찾거나 직접 실험을 해서 데이터를 모아야 해. 그렇지 않으면 소음이 학습에 줄 영향을 추측하며 말할 수밖에 없어. 이렇게 글의 특성에 따라 실험이나 관찰 자료가 꼭 필요할 수 있고, 어떤 경우는 글에 부분적으로 넣어주면 효과적인 경우가 있어. 기존에 만들어진 자료를 활용하지 않고 직접 실험하거나 관찰 자료를 준비할 때는 실험의 전체 과정과 결과 데이터를 정확하게 기록해야 해. 사진을 찍거나 그림으로 그려두고, 실험의 진행 상황과 관찰 결과를 체계적으로 기록해야 글의 자료로 쓸 수 있어.

정보를 종합하고 요약하기

'기후 변화의 원인과 우리 생활에 미치는 영향'에 대한 글을 쓴다고 해 보자. '기후 변화의 원인'과 '기후 변화가 우리의 생활에 미치는 영향'에 대한 여러 정보를 찾아야 할 거야. 책, 인터넷, 연구 자료, 신문 기사로 찾아낸 정보들은 주제별로 각각 정리해야겠지.

'기후 변화의 원인'에 대한 자료를 생성하는 과정을 예로 들어볼까? 책에서 '삼림 파괴가 CO_2를 늘려 기후 변화를 일으킨다'라는 자료를 찾고 신문에서 '아마존 삼림이 줄어드는 상황' 기사를 찾았다면 이 둘을 묶어 쓸 수 있지. 다만 두 자료는 책과 신문 기사라는 완결된 글에서 가져왔기 때문에 내용을 그대로 나열하면 불필요한 내용이 들어가서 글이 길어지고 산만해질 수 있어. 그래서 중요한 내용만 종합해서 짧고 명확하게 요약하는 게 좋아. 그러면 독자에게 필요한 내용만 쏙쏙 전달하는 글이 완성될 거야.

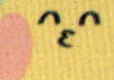

1. 다음 문장에서 알맞은 곳에 동그라미 해 보자.

설명문, 보고서, 안내문 같이 정보를 전달하는 글은 (객관적 / 주관적) 성격의 글이다.

2. 정보 전달하는 글의 내용 생성 방법으로 적절하지 않은 것은?

① 사진, 도표, 그림 등의 자료를 준비해 독자의 이해를 돕도록 한다.

② 어떤 현상이 미치는 영향에 대해 언급할 때는 실험 자료를 활용한다.

③ 자료의 훼손을 막기 위해, 모은 자료들은 그대로 나열하여 정리한다.

④ 원하는 통계 자료가 없는 경우 직접 설문 조사를 한 뒤 정리해서 활용한다.

⑤ 하나의 자료만 찾기보다 책, 인터넷, 신문기사 등 다양한 출처에서 자료를 찾아본다.

3. '커피나 카페인 음료 대신 잠 깨는 데 효과적인 방법'에 대한 글을 쓰려고 해. 위 내용을 참고할 때 준비하면 좋을 자료를 생각한 뒤 두 개 이상 찾아서 적어 보자.

자료의 유형 (설문, 통계, 실험, 연구 자료, 신문, 책, 인터넷 등)	내가 찾은 자료

더 알고 싶어 119

📖 도서　▶ 영상　🔍 사이트

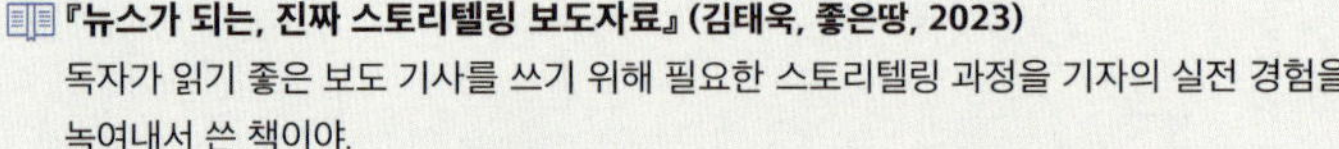

📖 『뉴스가 되는, 진짜 스토리텔링 보도자료』 (김태욱, 좋은땅, 2023)
　독자가 읽기 좋은 보도 기사를 쓰기 위해 필요한 스토리텔링 과정을 기자의 실전 경험을 녹여내서 쓴 책이야.

🔍 설문조사! 우리가 직접 하고 싶을 때 '꼭' 알아야 할 것들 (빠띠 공인데이터)
　통계 조사의 대상과 영역을 이해하면 필요한 자료들을 쉽게 찾을 수 있을 거야.

설득하는 글, 논리는 어떻게 세워야 할까?

내 주장에 귀 기울이게 만드는 방법

사람마다 생각이 다 달라서 다른 사람의 생각을 내 쪽으로 바꾸는 건 쉽지 않아.
그래서 설득하는 글을 쓸 때는 미리 전략을 세워야 해. 내 이야기에
귀를 기울일 수밖에 없도록 만드는 방법이 뭘까?

학습 키워드 #설득하기 #주장하기 #타당한근거 #논설문 #연설문

교과 연계 초6 〉 국어 〉 적절한 근거를 사용하고 인용의 출처를 밝히며 주장하는 글을 쓴다.
중3 〉 국어 〉 의견 차이가 있는 사안에 대해 자료를 수집하고 사회·문화적 맥락을 고려하며 주장하는 글을 쓴다.

'청소년에게 카페인 음료를 판매해서는 안 된다.'라는 글을 쓴다고 생각해 볼까? 평소 시험 기간이나 일상에서 카페인 음료를 마시던 청소년들은 이 주장에 동의하지 않을 가능성이 높아. 글쓴이는 이런 독자들까지 생각하고 글을 써야 해. 논설문, 비평문, 연설문 같이 설득하는 글은 생각이 같은 사람들은 물론, 나와 생각이 다른 사람까지 설득하는 게 목적이야. 글쓴이가 바람직하다고 생각하는 행동이나 결정에 대해 독자가 동의하면서 생각이나 행동을 바꾸도록 말이야. 설득하는 글의 목적을 달성하려면 이렇게 내용을 준비하는 게 좋아.

내 주장을 뒷받침할 근거 자료 모으기

서로 다른 의견으로 부딪치는 논쟁의 중심을 '쟁점'이라고 해. 청소

년에게 카페인 음료를 판매해야 하나, 말아야 하나 같은 거야. 카페인 음료를 팔면 안 된다고 입장을 정했다면 그걸 뒷받침할 객관적인 자료를 찾아야 해. '근거'는 주장을 지지하는 객관적 자료를 말해. 주장과 관련한 역사적 사실, 문헌 자료, 실험 결과, 통계 수치, 전문가의 의견, 일반적 여론이나 상식 같은 게 여기에 포함돼. 예를 들어 카페인 음료가 청소년의 건강에 나쁜 영향을 미치는 실험 결과나 통계 자료, 전문가의 의견 같은 자료가 있다면 주장의 신뢰성을 높일 수 있어.

반대편 의견과 근거도 모으기

글쓴이의 주장을 뒷받침하는 근거만 찾다 보면, 쟁점을 깊이 이해하는 글을 쓰기 어려워. 설득을 하려면 결국은 반대편에 있는 독자의 마음을 돌려야 하니까 반대편 입장도 살펴봐야 해. 예를 들어 청소년에 대한 카페인 음료 판매를 찬성하는 쪽은 '시험 공부 때문에 마셔야 한다'라고 할 수 있지. 시험 공부가 중요하다는 독자에게 건강만 이야기하면 설득이 어려워져. 카페인 음료를 대신할 수 있는 다른 방법을 제시하거나, 카페인 중독이 장기적으로 봤을 때는 공부 효율을 떨어뜨린다는 점을 근거로 제시해야 효과적으로 설득할 수 있어.

토론을 통해 자료 모으기

쟁점에 대해 찬반 '토론'을 하면 생각보다 많은 자료를 얻을 수 있어. 토론 과정에서 상대방 의견에 반박하려면 반대편 주장의 강점을 파악해서 그걸 반박할 자료를 더 찾아야 하고, 그 과정에서 내 주장도 더 탄탄해져. 또 내가 놓친 논리의 허점이나 자료 부족도 알게 되지. 이렇게 하면 반론에 대한 반박도 미리 생각해서 글쓰기에 반영할 수 있어. 반대편 독자의 생각을 예상해서 글을 쓰면 내 독자와 상대편 독자 모두를 설득할 수 있는 글이 되는 거야.

사람마다 다른 가치관을 가지고 있어서 생각을 바꾸는 글을 쓰는 건 쉽지 않아. 하지만 의견의 차이가 있을 때 열린 마음으로 찬성과 반대 자료를 모두 모으다 보면 처음 생각이 바뀔 때도 있어. 자기 생각보다 반대편 생각이 더 합리적이라는 걸 알게 되기도 해. 쟁점을 분석하며 자료를 모으는 과정에서 더 타당한 주장을 발견하면 글의 방향을 새롭게 잡아도 좋아. 결국 중요한 건, 사회의 다양한 관점을 듣고 그 속에서 설득력 있는 주장을 만드는 거야.

1. 다음 빈칸에 알맞은 말은?

> 1) 서로 다른 의견으로 부딪치는 논쟁의 중심을 ___________(이)라고 한다.
> 2) 주장을 지지하는 객관적인 자료를 ___________(이)라고 한다.

2. 다음 문장이 맞으면 O, 틀리면 X 해 보자.

> 효과적인 주장을 위해서는 반대편의 입장을 살펴보지 않는 것이 좋다. (O / X)

3. 토론을 통해 자료를 모으는 경우의 장점으로 적절하지 않은 것은?

① 나를 돌아보고 반성할 수 있다.
② 내가 놓친 논리의 허점을 알게 된다.
③ 반대편 주장의 강점을 파악할 수 있다.
④ 반대편 독자의 예상 반응을 알게 된다.
⑤ 내가 준비한 자료가 부족한 경우 알게 된다.

더 알고 싶어 119

 도서　▷ 영상　🔍 사이트

📖 『청소년을 위한 나의 첫 토론 수업』 (홍진아, 슬로디미디어, 2024)
　토론에서 질문하고 사고하는 능력을 키우는 연습을 도와줘.

▷ **2022년 대한민국 열린토론대회 고등학생부 결승 (중앙선거방송토론위원회)**
　학생들의 토론 과정을 보면서 상대방의 의견에 반박하기 위해 어떤 준비를 하고, 논거를
　제시하는지 파악할 수 있어.

🔍 **KISS** 학술 논문 검색 사이트로 다양한 연구 자료가 있어.

감정을 담은 글,
진심은 어떻게 전해질까?

공감하게 하는 글 내용 만들기

아침에 일어나서 밤에 잘 때까지 우리는 기쁨, 슬픔, 실망, 행복, 만족감처럼 하루에도 수십 번씩 감정이 왔다 갔다 해. 그 흘러가는 감정을 글로 담으면 내 삶의 한 장면이 세상에 선명하게 남을 거야. 삶에서 느끼는 감정을 잘 담아내려면 어떻게 해야 할까?

학습 키워드　#정서표현 #수필 #나를기록하다
교과 연계　초6 〉 국어 〉 체험한 일에 대한 감상을 나타내는 글을 쓴다.
　　　　　　　중1 〉 국어 〉 자신의 삶과 경험을 바탕으로 정서를 진솔하게 표현하는 글을 쓴다.

우리는 살면서 순간순간 다양한 감정을 느껴. 놀람, 두려움, 실망스러움, 기쁨, 슬픔, 만족감, 행복감 같이 하루에 스쳐 지나가는 감정을 일일이 기억하기 어려울 정도야. 그중엔 우리에게 잊지 못할 감동이나 깨달음을 주는 것도 있어. 그 순간을 글을 통해 하나의 생생한 장면으로 표현하면 다른 사람도 내가 느낀 감정을 간접적으로 느낄 수 있지. 순간을 포착해서 글로 쓴다니 어렵게 느껴져? 이미 써 본 적이 있는걸! 편지나 일기가 바로 그거야. 문학 작품 중에는 수필이 여기에 해당돼.

예를 들어볼까? '만족감'이라는 감정은 눈에 보이지 않으니까 실체가 없지만, 만족감을 느끼게 된 상황, 즉 글쓴이의 경험을 설명하면 그 감정의 실체가 와닿게 돼. 여러분의 일기를 생각해 볼까? 축구 시합에서 골을 넣기 위해 매일 연습하다가 드디어 골을 넣은 날을 떠올려 봐. 그날의 연습 과정, 시합 분위기, 골을 넣었을 때의 감정을 자세히 쓰면, 읽는 사람도 글쓴이가 느꼈던 그 만족감을 생생하게 느낄 수 있어.

일기 말고 편지나 수필도 정서를 진솔하게 표현하는 글이야. 설명문이나 논설문은 사실과 근거가 중요하지만, 정서를 표현하는 글은 나 자신이 재료가 돼. 정서를 표현하는 글을 쓰려면 자신의 감정을 깊이 살펴보고, 자기가 어떤 감정을 자주 느끼는지, 어떤 가치관을 가지고 사는지 생각하게 되거든. 이 과정이 건강한 자아상을 만들어 가는 데 도움이 돼. 독자는 진솔한 삶의 이야기에 공감하고 감동과 즐거움을 받을 수 있고.

이런 매력 있는 글을 쓰기 위해 자신의 정서를 진솔하게 표현하는 글을 쓰려면 어떻게 해야 할까?

자기 성찰과 기록하기

어떤 감정을 느꼈을 때, 왜 그렇게 느꼈는지 생각해 보고 자기가 가진 삶의 정서나 가치관을 파악하는 과정이 '자기 성찰'이야.

예를 들어 '분노'를 느꼈다면 그 상황을 돌아보면서 나는 어떤 상황에서 화가 나는지 생각하고, 그 안에서 자신의 정서나 가치관은 무엇인지 살펴봐. 그리고 그 과정과 그때의 생각, 반응, 감정을 기록해 두는 거야. 기록하는 과정에서 사실 그 상황이 분노를 느낄 정도의 상황이 아니었다는 걸 알게 되거나, 감정을 다스리지 못한 자신에 대해 반성하게 될 수도 있어. 이렇게 하면 태도에 대한 반성이나 깨달음을 담은 깊이 있는 글을 쓸 수 있게 될 거야.

일상을 기록하는 습관 만들기

　매일의 경험과 그때 느낀 감정을 꾸준히 적다 보면, 그 안에서 보물 같은 이야기를 발견할 수 있어. 나도 몰랐던 내 모습을 알게 되기도 하고, 글로 쓸 소재를 찾기도 하지. 이런 것이 바로 글쓰기의 재료가 되는 거야. 그래서 정서를 풍부하게 표현하려면 꾸준히 일상을 기록하는 습관이 중요해.

주변을 섬세하게 관찰하고 기록하기

　정서를 표현하는 글이 꼭 글쓴이 자신에 대한 이야기일 필요는 없어. 주변의 사람이나 사물, 자연을 보고 느낀 감정도 다 글쓰기 재료가 돼. 자연이 변화하는 모습에서 느껴지는 감정, 사람들의 행동이나 사건에서 얻은 깨달음 같이 나를 둘러싼 모든 것은 어떤 감정을 불러오기 때문에 섬세한 시선으로 돌아보고 기록해 놓자. 작은 것도 놓치지 않고 기록하면 좋은 글이 나올 수 있어.

　정서를 표현하는 글은 누가 읽지 않아도 쓰는 것만으로 자신에게 도움을 주는 글이야. 자기가 어떤 사람인지, 어떤 감정을 주로 느끼며, 어떤 가치관을 가진 사람인지를 아는 건 살아갈 때 큰 도움이 될 거야. 다른 사람의 공감까지 얻으면 인정받는 것 같은 큰 만족감도 생길 거야. 오늘 하루 중 기억에 남는 것과 그때 느낀 마음을 지금 바로 적어 보는 건 어때?

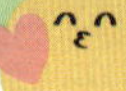

1. 다음 문장이 맞으면 O, 틀리면 X 해 보자.

> 1) 정서를 표현하는 글에는 편지나 일기, 수필 등이 있다. (O / X)
> 2) 정서를 표현하는 글은 글쓴이 자신의 이야기를 써야 한다. (O / X)

2. 다음 빈칸에 알맞은 말은?

> 자기가 가진 삶의 정서나 가치관을 파악하는 과정을 ___________(이)라고 한다.

3. 정서를 표현하는 글이 지니는 장점으로 적절하지 않은 것은?

① 자기도 몰랐던 모습을 발견하기도 한다.
② 독자에게 유용한 정보를 제공할 수 있다.
③ 글을 쓰면서 자신의 감정을 깊이 살펴보게 된다.
④ 글을 쓰는 과정을 통해 건강한 자아상을 만들 수 있다.
⑤ 독자의 공감을 얻고, 독자에게 감동과 즐거움을 줄 수 있다.

4. 이번 주에 있었던 일 중 가장 기억에 남는 일은 뭐야? 그 경험을 쓰고 그 안에서 느꼈던 감정을 적어 보자.

더 알고 싶어 119　　　📖 도서　▶ 영상　🔍 사이트

📖 『빅터 프랭클의 죽음의 수용소에서』 (빅터 프랭클, 청아출판사, 2020)
3년간 나치 강제 수용소에 갇혔던 유대인 의사가 인간의 존엄성을 지키기 위해 노력했던 실제 이야기가 감동적으로 담겨 있어.

▶ 영화 〈인사이드 아웃〉
자신의 감정을 이해하고 표현하는 과정이 삶에 어떻게 영향을 미치는지를 보여줘.

🔍 네이버 블로그 일상을 기록하는 블로그들이 모여 있는 공간이야.

타인을 설득하고 마음을 움직이는 나! 어떤 직업이 잘 맞을까?

관련 직업

법률 및 정치 분야: 법을 다루는 사람들은 법 조항을 아는 것 뿐 아니라 그것을 쉽게 설명하고 설득력 있게 전달하는 능력이 중요해. 변호사는 법정에서 판사나 배심원을 설득해야 하고 협상 과정에서도 상대를 이해시키면서 원하는 결과를 이끌어내야 하거든. 정치인들도 마찬가지야. 법안을 통과시키려면 동료 정치인을 설득해야 하고 선거에서 이기려면 유권자들에게 자신의 정책이 왜 필요한지를 납득시켜야 해. 결국 법률이나 정치 분야에서 성공하려면 논리적인 사고력과 설득력이 필수야.

> **이런 일을 하는 직업:** 법률 전문가, 변호사, 법학 교수, 판사, 정치인, 정책 보좌관, 공공정책 분석가, 국제관계 전문가, 외교관 등
>
> **관련 학과:** 법학과, 정치외교학과, 국제학과, 공공정책학과, 국제법학과, 외교학과, 국제관계학과, 경제학과, 사회학과 등

세일즈 및 비즈니스 분야: 세일즈랑 비즈니스에서 가장 중요한 건 설득력이야. 세일즈의 목표는 결국 고객이 제품이나 서비스를 구매하도록 만드는 거잖아? 그러려면 고객이 필요성을 느끼고 신뢰할 수 있도록 설득해야 해. 비즈니스에서도 마찬가지야. 협상이나 계약을 할 때 상대방이 내 제안을 받아들이도록 만드는 게 핵심이지. 결국 설득력이 뛰어나면 경쟁이 치열한 시장에서도 원하는 결과를 얻을 확률이 훨씬 높아져.

> **이런 일을 하는 직업:** 세일즈 매니저, 경영 컨설턴트, 재무 분석가, 인사 매니저, 구매 관리자 등
>
> **관련 학과:** 경영학과, 마케팅학과, 심리학과, 인사관리학과, 경제학과, 공급망 관리학과, 재무학과, 회계학과 등

교육 및 강연 분야: 교육이나 강연을 하는 사람들에게 설득력은 정말 중요한 능력이야.

학생이나 청중에게 새로운 내용을 전달할 때, 단순히 정보를 알려 주는 게 아니라 그들이 이해하고 흥미를 느끼게 만드는 게 핵심이거든. 아무리 좋은 내용이라도 듣는 사람이 집중하지 않으면 소용이 없잖아? 말하는 내용을 자연스럽게 몰입해서 듣게 만들 수 있다면 강의나 강연이 훨씬 효과적으로 전달될 거야.

> **이런 일을 하는 직업:** 교사, 대학교수, 교육 컨설턴트, 학습코치, 공공 연설자, 교육방송인, 워크숍 진행자, 교육기술 전문가 등
>
> **관련 학과:** 교육학과, 초등교육학과, 전공과목과 관련한 학과, 교육행정학과, 교육심리학과, 언론학과, 상담학과, 연설학과, 커뮤니케이션학과 등

이 직업이 궁금해: 외교관

외교관은 자기 나라를 대표하는 중요한 역할을 해. 외국에 파견돼서 그 나라와 교섭하면서 정치, 경제, 상업 등 여러 분야에서 자국의 이익을 지키고 키우는 게 핵심 임무야. 또 부임한 나라에서 일어나는 정치적 사건과 상황을 본국에 보고하고, 경제나 생활 정보를 수집해서 정부나 기업에 전달하는 역할도 하지. 가장 중요한 건 본국의 입장을 대변하면서 상대국과 좋은 관계를 유지하는 거야. 외교관이 교섭을 잘해야 우리나라의 정책이 효과적으로 반영되고 양국이 협력할 기회도 많아지거든. 그리고 그 나라에 있는 우리 국민이나 여행객들이 위험에 빠지지 않도록 보호하는 역할도 해. 그래서 외교관에게는 설득력, 외국어 실력, 국제 감각, 협상 능력 같은 다양한 능력이 필요하지.

외교관이 되려면 어떤 학과에 가야 하지?

국제문화정보학과, 국제통상학과, 국제학부, 정치외교학과, 행정학과, 법학과, 외국어 학과(독어독문학과, 불어불문학과, 스페인어학과, 아프리카어과, 영어과 등) 등

> **정치외교학과**
>
> **어떤 학과일까?** 정치외교학은 정치와 외교를 과학적으로 탐구하고 이해하는 학문이야. 이 학과에서는 국내외 정치, 국제 관계, 외교 정책 등에 대한 이론과 실제를 배우면서 정치 및 외교 분야에서 활동할 수 있는 전문 인력을 키우는 게 목표지. 특히 국내 정치, 국제 정치, 외교 정책, 국제 기구, 외교 협상 등을 연구하면서 급변하는 세계 정세를 분석하는 능력을 기르게 돼.
>
> **어떤 학생에게 잘 맞을까?** 정치외교학과는 세상에서 일어나는 정치, 사회, 경제 문제에 관심이 많고, "이런 문제를 어떻게 해결할 수 있을까?" 하고 깊이 생각하는 학생

더 알고 싶어 119

📖 **『나는 대한민국 외교관입니다』 (민동석, 크루, 2024)** 외교관이 되는 방법, 외교관의 업무와 일상, 다양한 외교관
의 사례 등을 소개하고 있어.

▷ **영화 〈D-13〉** 1962년 쿠바 미사일 위기 당시의 케네디 정부와 외교적 노력을 다룬 영화로 외
교관들이 위기 상황에서 어떻게 대응하는지 정치와 외교가 어떻게 결합되는지 보여줘.

▷ **현직 외교관의 REAL TALK (국립외교원 국민외교아카데미)**
1년차 사무관님이 들려주는 솔직한 이야기를 통해 외교관이 되는 법에 대해 알 수 있어.

3부

생각을 엮어
구조로 세우면
글이 단단해진다

글의 목적이 분명하면
글이 살아나

내용을 적절한 자리에 배치하자

음식을 만들 때 재료를 아무렇게나 다 넣으면 맛이 없지? 순서도 중요하고 얼마만큼 넣을지도 중요해. 글쓰기도 마찬가지야. 글을 쓰려고 모아둔 자료들을 아무렇게나 나열하면 하고 싶은 말이 잘 전해지지 않아. 자료가 제자리를 찾아야 글이 맛있게 완성되는 거야.

학습 키워드 #글쓰기의목적 #내용조직하기 #적재적소
교과 연계 중3 〉국어 〉복합양식 자료를 활용하여 내용을 생성하고 글의 유형을 고려하여 내용을 조직하며 글을 쓴다.

글을 쓰기 전에 여러분은 책, 인터넷, 통계 자료, 신문 기사 등 여러 자료를 찾았을 거야. 중요한 자료인지 판단하기도 하고, 글의 목적에 맞는 자료인지, 신뢰할 만한 자료인지 등을 따져가며 골랐을 거야. 이런 소중한 자료들이 제대로 활용되지 않으면 너무 안타깝지. 하지만 아깝다고 해서 생성한 내용들을 글에 다 넣어버리거나, 순서를 따지지 않고 나열해서는 안 돼. 준비된 재료들의 양을 재지 않고 요리에 모두 넣거나 어차피 들어갈 재료라고 한꺼번에 넣으면 음식의 맛을 망치는 것처럼 글쓰기도 똑같아.

글쓰기도 목적에 따라 자료를 다르게 배치해야 해. 정보 전달을 목적으로 하는 글, 설득을 목적으로 하는 글, 정서 표현을 목적으로 하는 글은 자료의 내용들도 다르지만 글의 전개 방식도 다르기 때문이야. 예를

들어 정보 전달을 목적으로 하는 설명문은 '처음-중간-끝' 구조를 지키는 게 중요해.

1. **처음**: 주제를 소개하고 독자가 글에 관심을 가지게 만드는 부분이야. 글을 읽는 사람이 "오, 이거 재밌겠다" 하고 끝까지 읽게 만드는 역할을 해.

2. **중간**: 주요 내용을 구체적으로 전개하는 부분이야. 데이터, 사례, 분석 같은 정보들을 논리적으로 배치해야 독자가 쉽게 이해할 수 있어.

3. **끝**: 앞에서 말한 내용을 짧게 정리하고 꼭 기억해야 할 부분을 다시 강조하는 단계야.

준비한 자료들을 설명문의 '처음-중간-끝'의 특징에 맞게 내용을 넣는다고 해 보자.

내용 생성		내용 조직
자료1	주제의 세부 내용을 다루는 통계, 분석 자료	처음
자료2	주제와 관련한 개념을 설명한 백과사전이나 전문 서적의 자료	중간
자료3	신문 기사나 뉴스에서 주제와 관련해 다뤘던 흥미로운 사건과 관련한 자료	
자료4	주제와 관련한 구체적 사례 및 분석 자료	
자료5	주제의 세부 내용과 관련이 있는 사진, 도표 자료	
자료6	주제에 대한 전문가의 인터뷰 및 분석 자료	끝

글쓴이는 모은 자료를 설명문의 단계에 맞게 어디에 넣을까 고민

하다가 자료2와 3은 '처음' 단계에 넣고 자료1, 4, 5는 '중간' 단계에 넣는 게 낫겠다고 생각했어. 그런데 자료6을 보니 따로 보면 좋은 자료인

데 글 전체의 흐름엔 잘 맞지 않아서 빼기로 했어. 그러고 나니 '끝'에 넣을 자료가 없는 상황이야. 이렇게 되면 다시 적절한 자료를 찾아야 해.

　'글쓰기 계획-내용 생성-내용 조직-표현하기-고쳐쓰기' 단계는 '회귀적 과정'이어서 언제든 앞 단계로 돌아가 자료를 고치고 내용을 다시 조직하면 돼. 그리고 같은 자료라도 글쓴이에 따라 배치가 달라질 수 있어. 위의 예에서는 자료6이 들어갈 적절한 자리가 없다고 생각해서 과감히 탈락시켰지만, 다른 사람은 적절하다고 생각할 수 있어. 자료1이 '중간'이 아닌 '처음'에 넣는 게 더 낫다고 생각할 수도 있고. 그래서 같은 자료를 갖고도 내용을 어떻게 조직하느냐에 따라 완전히 다른 글이 만들어질 수 있어.

　우리가 자료를 적재적소에 배치하는 방법을 익히면 글이 훨씬 깔끔하고 설득력 있게 완성될 거야. 4부에서는 다양한 내용 조직 방식을 익히고, 자신만의 글을 쓰기 위한 연습을 해 보자.

1. 다음 빈칸에 알맞은 말은?

> 1) 글쓰기에서 수집한 자료를 배치할 때는 글의 __________(을)를 고려해야 해.
> 2) 글쓰기의 단계는 __________ 과정이어서 언제든 앞 단계로 돌아가 자료를 고
>   치고 내용을 다시 조직할 수 있어.

2. 글의 단계에 따른 특징을 바르게 연결하시오.

ㄱ 처음   ⓐ 주요 내용을 구체적으로 전개하는 부분으로, 데이터,
사례, 분석 같은 정보들을 논리적으로 배치해야 해.

ㄴ 중간   ⓑ 주제를 소개하고 독자가 글에 관심을 가지게 만드는
부분으로, 글을 끝까지 읽게 만드는 역할을 해.

ㄷ 끝   ⓒ 앞에서 말한 내용을 짧게 정리하고, 꼭 기억해야 할
부분을 다시 강조하는 단계야.

 **더 알고 싶어 119**   📖 도서 ▷ 영상 🔍 사이트

📖 『글쓰기 기본기』 (이강룡, 창비, 2016)
    우리가 써야 하는 다양한 글의 종류에 맞는 특별한 글쓰기 전략을 소개하고 있는 책이야.

▷ 어렵다고 생각했던 논리적 글쓰기, 이 '공식' 하나면 마법처럼 쉬워진다! (EBS 교양)
    논리적 글쓰기를 쉽게 할 수 있는 방법을 단계별(의견-이유-사례-의견)로 안내해 주고
    있어.

질문하고 답하며 글을 쓰면 더 흥미로워져

궁금증을 자극하는 문답법

선생님이 수업 시간에 갑자기 질문을 하실 때가 있지? 그 순간 머릿속에서 '답이 뭐지?'하며 생각하기 시작하잖아. 그런데 막 생각이 날 듯 말 듯할 때 선생님이 바로 답을 알려 주실 때도 있지? 그럼 "아 그거였군!"하면서 더 잘 기억하게 돼. 글쓰기에서도 이 방법을 쓸 수 있어.

학습 키워드 #질문답 #문답법 #자문자답 #응답반사

교과 연계 중3 〉 국어 〉 주장을 뒷받침할 수 있는 타당한 근거를 들고 적절한 표현을 사용하여 주장하는 글을 쓴다.
중3 〉 국어 〉 다양한 표현을 활용하여 자신의 생각과 느낌이 드러나는 글을 쓰고 독자와 공유한다.

질문을 하고 바로 답을 알려 주는 '문답법'은 읽는 사람의 궁금증을 자극하는 방법이야. 수업 시간 말고 글에서도 자주 쓰는 방법이지. 스스로 묻고 스스로 답한다고 해서 자문자답이라고도 해. 이 표현 방법은 어떤 상황에서 어떻게 사용하는 것이 효과적일까? 예를 들어 볼게.

미세 플라스틱이란 무엇일까요? 길이나 지름이 5mm 이하인 고체형 플라스틱 입자를 말하는데요, 이런 미세 플라스틱은 바닷속과 해수면에 떠다니면서, 해양 생태계를 위협하고 있습니다. 미세 플라스틱으로 인한 해양 오염부터 살펴보도록 하겠습니다.

여기서 '미세 플라스틱이란 무엇일까요?'라는 질문이 나오자마자

우리는 자동으로 답을 떠올리려고 해. 우리가 의식하지 못해도 뇌에서는 이미 답을 찾기 위해 뇌를 활성화하는데 이걸 '응답 반사'라고 해. 그러면서 자연스럽게 이 글의 중심 소재인 '미세 플라스틱'이라는 주제에 집중하게 되지. 글쓴이는 이런 심리를 이용해서 독자의 관심과 호기심을 끌어올리는 거야. 그렇다고 질문을 너무 많이 하면 안 돼. 뇌를 활성화하는 거라서 너무 자주 사용하면 읽는 사람이 지칠 수 있으니까 글의 흐름에 맞게 알맞은 곳에 적절하게 써야 해.

독자의 관심을 끌어야 할 때

글 시작 부분에서 중심 소재에 대한 궁금증이나 흥미를 유도할 때 좋아. 위의 예에서처럼 중심 소재의 개념을 질문할 수도 있고, 중심 소재와 관련한 흥미로운 기사나 사건에 대해 질문을 던질 수도 있어. '위胃가 꽉 찬 채 굶어 죽은 해양 동물이 늘어나고 있는 이유가 뭘까요? 바로 미세 플라스틱 때문입니다.' 이렇게 글을 시작하면 독자가 궁금함을 느끼고 글을 읽다가 "미세 플라스틱이 문제구나!" 하고 관심을 가지게 될 거야.

어려운 내용이나 복잡한 개념을 다룰 때

어려운 주제나 복잡한 개념을 설명할 때, '질문하고-답하는' 과정을 거치면 그냥 설명하는 것보다 훨씬 이해하기 쉬워져. '그렇다면 1차 미세 플라스틱은 무엇일까요? …를 말합니다. 2차 미세 플라스틱은 무엇일까요? …입니다. 1차 미세 플라스틱과 달리 …한 미세 플라스틱을 말하지요.' 이렇게 '질문-답'의 과정을 몇 번 하면 주제와 관련한 개념들을 금방 이해할 수 있을 거야.

딱딱한 글을 부드럽게 만들 때

정보를 전달하거나 설득하는 글은 딱딱하게 느껴지는 경우가 많아서 독자가 읽기 힘들 수 있어. 이때 "지금 여러분의 주위에는 플라스틱 제품이 몇 개나 있나요?" 하고 말 걸 듯 '질문-답' 방식으로 쓰면 글이 친근하고 부드러운 느낌을 줄 수 있지.

구조를 뚜렷하게 해서 논리적인 느낌을 주고 싶을 때

문단을 시작할 때 질문과 답 형식으로 쓰인 부분을 만나면 글의 구조가 확실히 드러난다는 느낌을 받아. "아, 이제 중요한 내용이 나오는구나." 싶으니까. 주제의 하위 항목 별로 문단이 나뉠 때 각 문단의 시작 부분에 중심 소재와 관련된 질문을 던지고 답을 제시하면, 각 문단의 구조가 명확하게 드러나게 돼. 독자는 이런 흐름을 따라가면서 글의 구조를 쉽게 파악하고 글 전체의 논리적 구조를 편하게 이해할 수 있어.

독자가 평소 궁금해할 예상 질문을 알고 있을 때

글의 주제와 관련해 독자가 궁금해할 예상 질문을 안다면 글에서 미리 예상 질문을 던지고 답을 줄 수 있어. 독자는 자기가 궁금했던 내용이니까 글을 관심 있게 읽기 시작하고 집중력도 높아질 거야. 만약 사전 설문조사에서 얻은 통계 자료가 있다면 그 질문을 먼저 던지고 통계 자료의 분석 결과를 답으로 제시하는 방식으로 글을 조직해 가면 좋아.

결국 문답법은 '궁금하게 만들고-답을 알려 주고-관심을 이어가게 하는' 효과적인 방법이야. 다만 필요한 순간에만 쓰는 게 포인트라는 점 기억해.

1. 다음 빈칸에 알맞은 말은?

> 질문을 던져 읽는 사람의 궁금증을 자극한 뒤 답을 알려 주는 방식을 ____________(이)라고 한다.

2. 다음 문장이 맞으면 O, 틀리면 X 해 보자.

> 질문을 던짐으로써 독자의 관심을 유도하는 방식은 글에 많이 사용할수록 좋다.
> (O / X)

3. 문답법을 사용할 때 효과적인 상황으로 적절하지 않은 것은?

① 정보 전달의 딱딱한 글을 쓸 때
② 어렵거나 복잡한 개념을 설명할 때
③ 글의 도입부에서 흥미를 유도할 때
④ 글쓴이도 해결 방법을 알지 못할 때
⑤ 주제와 관련하여 독자의 집중력을 높일 때

4. '질문하고–답하는' 방식을 글의 도입부에서 사용하면 독자에게 어떤 효과를 줄 수 있을까?

더 알고 싶어 119

📖 도서　▷ 영상　🔍 사이트

📖 『은유의 글쓰기 상담소』 (은유, 김영사, 2023)
글쓰기를 하며 겪는 어려움에 대한 답을 친절하게 해 주는 책이야. 질문하고 답하는 방식 뿐 아니라 글의 수준을 높이는 다양한 방법들을 알려 주고 있어.

▷ [EBS 인문학] 문제 해결, 생각 정리의 로고스 ③ 원인분석 5WHY (한봉규 TV)
꼬리에 꼬리를 무는 질문들을 통해 글의 논리성을 강하게 만드는 과정에 대해 알려 주고 있어.

비교하고 대조하면
생각이 더 깊어져

공통점과 차이점으로 의미를 더 명확하게

"우리 엄마는 정말 좋으신 분이다."라고 말하는 것보다
"우리 엄마는 신사임당보다 더 좋으신 분이다."라고 말하면 어떤 느낌이 들어?
엄마가 얼마나 좋은 분인지 더 잘 알 수 있지? '신사임당'이라는 인물과 비교했기 때문이야.
이렇게 다른 대상과 비교하거나 대조하면 그 대상의 특징이 더 뚜렷하게 보이게 돼.

학습 키워드 #비교 #대조 #공통점과차이점
교과 연계 중3 〉 국어 〉 다양한 표현을 활용하여 자신의 생각과 느낌이 드러나는 글을 쓰고 독자와 공유한다.
중3 〉 국어 〉 대상의 특성에 적합한 설명 방법을 활용하여 글을 쓴다.

'비교'는 둘 이상의 대상을 견주어 '공통점'을 밝히는 방법이고 '대조'는 둘 이상의 대상을 견주어 '차이점'을 밝히는 방법이야. 그렇다면 아래 예시는 비교일까? 대조일까?

① 이 인형은 솜털보다도 부드러워요.
② 고슴도치 털은 솜털과 달리 뻣뻣해요.

①은 비교, ②는 대조야. ①에서는 '이 인형'과 '솜털'이 둘 다 부드럽다는 공통점을 말했어. 다만 인형의 부드러움이 솜털보다 더 부드럽다는 미묘한 차이점이 드러나지. 둘 다 부드럽다는 건 같지만 비교를 통해 '이 인형'이라는 중심 대상의 속성을 더 잘 드러내는 효과를 얻었어.

②에서는 '고슴도치 털'과 '솜털'의 차이점에 주목했어. 솜털은 부드럽지만, 고슴도치 털은 뻣뻣하다는 걸 보여주고 있지. 부드러움과 반대되는 뻣뻣한 질감을 구체적으로 떠오르게 하는 효과를 거둔 거야. 이렇게 비교나 대조를 쓰면 그냥 설명할 때보다 대상의 특징이 훨씬 뚜렷해져. 그럼 언제 비교와 대조의 표현을 쓰면 더 좋을까?

서로 다른 대상의 특성을 구분할 때

축구와 야구를 설명하는 글을 쓴다고 할 때, 비교와 대조를 적절히 이용하면 독자가 더 쉽게 이해할 수 있어. 공통점으로 비교해 보면 둘 다 공을 사용하지만, 축구공이 야구공보다 더 크고 탄성이 더 강하다고 말할 수 있어. 차이점을 바탕으로 대조해서 설명해 보면, 야구는 손을 쓰고, 축구는 발을 쓴다는 점을 이야기할 수 있지. 이렇게 대상별로 가진 특성을 명확히 구분해야 할 때 비교나 대조를 사용해 내용을 조직할 수 있어.

어려운 내용이나 복잡한 개념을 설명할 때

그냥 설명하면 어려워할 내용을 글로 써야 한다면, 기존에 독자가 알고 있는 익숙한 개념이나 대상, 사건 등과 비교하거나 대조해서 설명하는 게 좋아. 예를 들어 스마트폰의 '얼굴 인식'을 설명할 때, 기존에 사용하던 '지문 인식'과 비교하고 대조하여 설명하면 이해가 쉬워져. 둘 다 신체 일부를 인식시킨다는 공통점이 있지만, 지문은 손가락을 대야 하고 얼굴 인식은 그냥 화면 앞에 있으면 되니까 비교적 편하다고 이야기하면 두 방식의 특징을 잘 파악할 수 있거든.

연구 자료 및 통계 자료를 분석할 때

　연구 자료나 통계 자료들은 어떤 원인이 되는 사건이나 행동, 변인 등으로 어떤 결과가 나오는지를 보여주는 경우가 많아. '코로나19가 청소년의 인터넷 사용에 미친 영향'이라는 글을 쓰려면, 코로나19 이전과 이후의 통계 자료를 찾아서 제시하게 될 거야. 단순히 제시하는 데에서 나아가 서로 다른 결과를 보여주는 두 자료를 비교하거나 대조하여 제시하면 '코로나19'가 어떤 영향을 줬는지 독자가 더 명확하게 파악하는 데 도움을 줄 수 있어.

서로 다른 의견이나 입장을 보여줄 때

　다양한 사람들이 사는 세상인 만큼 하나의 상황에 대해 갖는 의견은 다양할 수 있어. 비교나 대조의 방법을 사용하면 다양한 입장들이 가지고 있는 공통점이나 차이점을 명확히 드러낼 수 있지. '청소년의 SNS 사용 시간을 제한하자'라는 주장에 대해 청소년과 부모님의 입장은 다를 거야. SNS의 지나친 사용이 나쁘다는 점엔 두 입장 모두 공감하겠지만 사용 시간을 제한하는 문제에서는 두 입장이 대립할 거야.

　이럴 때는 각각의 입장을 따로따로 소개하기보다는 '청소년들은 미디어 사용의 자율권을 주장하며 반대하고 있는 반면 부모들은 청소년의 건강권을 주장하며 찬성하고 있다.'처럼 대조하여 표현하면 독자가 논점을 더 쉽게 파악하며 읽기 좋아.

1. 다음 빈칸에 알맞은 말은?

> 비교는 둘 이상의 대상을 견주어 __________(을)를 밝히는 방법이고, 대조는 둘 이
> 상의 대상을 견주어 __________(을)를 밝히는 방법이다.

2. 다음 문장이 '비교'인지 '대조'인지 답해 보자.

> 고속열차는 빠르지만, 버스는 느리다. (비교 / 대조)
> 달리기보다는 걷기가 몸에 무리가 덜 간다. (비교 / 대조)
> 시보다는 소설이 이해하기 쉬운 편이다. (비교 / 대조)
> 여름은 덥지만, 겨울은 몹시 추운 계절이다. (비교 / 대조)

3. 비교와 대조의 방법을 사용하는 상황으로 적절하지 않은 것은?

① 서로 다른 두 대상의 공통점과 차이점이 명확한 경우
② 설명하려는 내용에 대해 독자의 호기심을 유발하려는 경우
③ 설명하려는 내용이 어려워서 익숙한 내용과 관련지어 설명하고자 하는 경우
④ 특정 사건이 미친 변화를 그 이전과 어떤 차이를 보이는지 알려 주려는 경우
⑤ 다른 대상과의 비교를 통해 설명하려는 대상의 특징을 뚜렷하게 보여주고 싶은
  경우

더 알고 싶어 119

📖 도서　▷ 영상　🔍 사이트

▷ **기초용어특강 국어 | 비교, 대조 (EBS 중학프리미엄)**
비교와 대조의 개념 및 예시를 친절하게 설명하고 있어.

🔍 **두 가지 요소 설명할 때, 비교·대조하기 (경향신문)**
구체적인 책을 바탕으로 비교와 대조하기 전략을 사용하여 연습해 보는 활동이 안내되
어 있어.

원인과 결과를 따지면 글이 더 명확해져

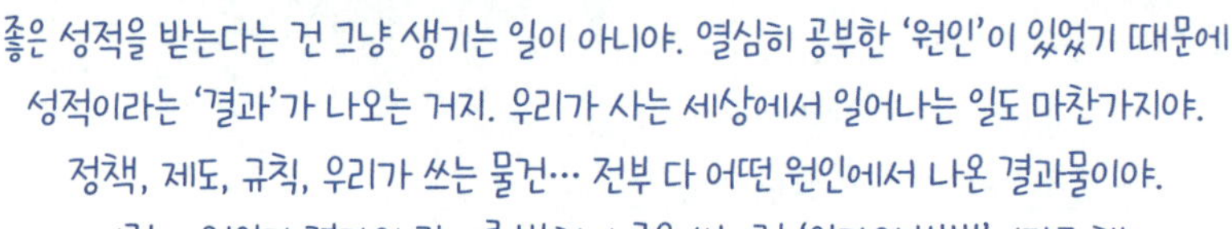

좋은 성적을 받는다는 건 그냥 생기는 일이 아니야. 열심히 공부한 '원인'이 있었기 때문에 성적이라는 '결과'가 나오는 거지. 우리가 사는 세상에서 일어나는 일도 마찬가지야. 정책, 제도, 규칙, 우리가 쓰는 물건… 전부 다 어떤 원인에서 나온 결과물이야. 이렇게 원인과 결과의 관계를 밝혀서 글을 쓰는 걸 '인과의 방법'이라고 해.

학습 키워드	#원인과결과 #인과 #모든것엔이유가있다
교과 연계	중3 〉 국어 〉 다양한 표현을 활용하여 자신의 생각과 느낌이 드러나는 글을 쓰고 독자와 공유한다. 중3 〉 국어 〉 대상의 특성에 적합한 설명 방법을 활용하여 글을 쓴다.

　　원인과 결과로 글을 쓰면 어떤 일이 왜 일어났는지를 깊이 분석할 수 있어. 또 지금 하는 행동이 앞으로 어떤 결과를 가져올지도 예측할 수 있어. 예를 들어 지금 우리가 당연하게 생각하는 '투표권'은 그냥 생긴 게 아니야. 옛날에는 성별, 인종, 종교, 돈의 많고 적음에 따라 차별받던 사람들이 있었어. 하지만 많은 사람들이 차별에 맞서 싸운 덕분에 지금은 만 18세 이상이라면 누구나 투표를 할 수 있게 된 거야.

　　만약 '투표에 꼭 참여하자'라는 글을 쓰려고 한다면 단순히 투표의 의미만 말하는 것보다 이 권리가 어떤 원인(투쟁) 때문에 생겼는지, 그리고 투표를 안 하면 어떤 결과(나쁜 지도자 선출)가 올 수 있는지를 함께 쓰면 훨씬 설득력이 커져.

　　앞으로 우리가 쓸 글 중에서 원인과 결과에 따라 글을 쓰면 더욱 효과적인 상황들에 대해 살펴보고 어떻게 쓰면 좋을지 생각해 보자.

사회 문제를 분석하고 해결책을 제시할 때

사회 문제는 문제가 발생한 근본 원인을 알아야 해결할 수 있는 경우가 대부분이야. '청소년 범죄 증가 문제에 대한 해결책'을 제시하는 글을 쓴다고 해 볼까?

'청소년 범죄 증가'라는 결과를 만드는 원인은 가정불화나 학교 내 갈등, 친구 영향, 경제 문제 등 매우 다양해. 인과에 따라 내용을 조직하는 경우 문제의 원인을 나열한 뒤 어떤 결과가 발생했다고 이야기하는 것이 아니라 특정한 하나의 원인과 결과의 긴밀한 관계를 논리적으로 입증하며 설명해야 해.

'가정불화'가 청소년 범죄 증가에 큰 원인이라는 것이 논리적으로 입증되었다면 가족 상담이나 지역 사회의 지원을 통해 가정불화의 해결 방법을 찾을 수 있을 거야.

과학 실험 및 탐구 보고서를 쓸 때

과학 실험은 가설을 세우고, 그 가설을 확인하기 위해 결과에 영향을 주는 요인을 조절해 실험한 뒤, 결과를 분석해 결론을 내. 원인 행위에 계속 변화를 주면서 나온 결과를 분석하는 거지.

가령 '식물 성장에 빛이 영향을 줄 것이다'라는 가설을 세워 과학 실험 보고서를 쓴다면 '식물 성장'이라는 결과에 영향을 미치는 '빛'의 양을 조절하면서 실험하게 돼.

실험 보고서에는 빛의 양에 따른 식물 성장의 결과가 기록되는데, 이 과정에서 원인과 결과에 따른 분석이 이루어져. 빛의 양이 식물의 성장 속도를 결정하는 원인이라는 가설을 세웠기 때문에 빛의 양이라는 원인을 변화시킬 때마다 생기는 결과를 기록하고 분석할 수밖에 없거든. 이것을 통해 독자는 빛이 식물의 성장에 미치는 영향에 대해 더 명확하게 이해하게 돼.

일상 경험의 의미를 분석할 때

일상 속에서 느낀 깨달음이나 배운 점을 기록하는 글에도 원인과 결과에 따른 내용 조직 방식을 사용할 수 있어. 아래의 예를 볼까?

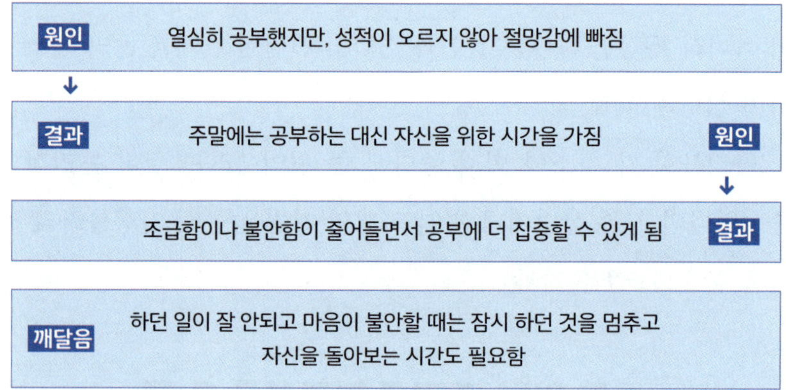

노력했지만 성적이 오르지 않은 경험이 원인으로 작용해 주말에는 자신을 위한 시간을 가지는 결과를 만들었어. 그런데 이 자신을 위한 쉼이 다시 원인으로 작용해, 조급함이 줄고 공부에 집중하게 하는 결과를 낳았어. 개인적인 경험을 원인과 결과에 따라 정리하는 과정 속에서 깊이 있는 성찰이 이루어지고 깨달음이나 배움으로 이어졌어. 이건 책을 읽은 경험에서 얻은 깨달음을 기록하는 독후감이나 여행의 경험에서 얻은 깨달음을 기록하는 기행문에도 적용해 볼 수 있어.

1. 다음 빈칸에 알맞은 말은?

> 1) 원인과 결과에 따라 글을 쓰는 경우 ________의 방법에 따라서 썼다고 한다.
> 2) 어떤 문제가 발생한 근본 원인을 이야기하고 ________(을)를 제시하는 글을 쓸 때 원인과 결과에 따라 글을 쓰면 내용을 논리적으로 드러내기 좋다.

2. 다음 문장을 읽고 '원인'과 '결과' 중 알맞은 말에 동그라미 해 보자.

> 청소년의 수면량과 스트레스의 상관관계에 대한 실험하는 경우 수면량이 (원인 / 결과)(이)가 되어 스트레스라는 (원인 / 결과)에 영향을 미치는 것으로 생각하고 실험을 진행하게 될 것이다.

3. 원인과 결과에 따라 글쓰기에 가장 적절한 주제는?

　① 경복궁까지 도착하는 다양한 경로 소개
　② 도서관과 서점 중 책 읽기에 더 좋은 장소
　③ 청소년이 주로 여가 시간을 보내는 놀이 공간
　④ 학교 시험에서 좋은 점수를 받을 수 있는 방법
　⑤ 아침 식사의 여부가 학교 수업 참여도에 미치는 영향

4. 인과 관계를 활용해 사회 문제를 분석하는 것의 중요성을 구체적인 사례를 들어 적어 보자.

더 알고 싶어 119

📖 도서　▷ 영상　🔍 사이트

📖 『Dr. 아톰과 함께하는 주제 맞춤 탐구보고서 쓰기』 (박규상, 더디퍼런스, 2024)
　　과학 탐구보고서를 쓸 수 있는 구체적인 방법을 단계별로 친절하게 안내하고 있어.

▷ 결과에는 원인이 있다 | 이은희의 과학자처럼 생각하기 (EBS 평생학교)
　　정확한 인과 관계를 밝히기 위해 직접 자기 몸으로 실험을 했던 베리 마셜 박사의 이야기가 흥미롭게 제시되어 있어.

시간과 공간을 따라가면 글이 생생해져

여행 책자를 보면 '아침에는 어디를 가고, 점심엔 뭘 먹고, 저녁엔 어떤 곳을 구경하는지' 시간 순서대로 여행지를 소개하잖아. 이런 글을 읽으면 여행을 안 갔어도 마치 여행한 것처럼 머릿속에 그림이 그려지는 이유는 시간의 흐름과 장소 이동 순서대로 이야기가 이어지기 때문이야.

학습 키워드 #시간의이동 #공간의이동 #자연스러운흐름

교과 연계 중3 〉 국어 〉 다양한 표현을 활용해 자신의 생각과 느낌이 드러나는 글을 쓰고 독자와 공유한다.
중3 〉 국어 〉 대상의 특성에 적합한 설명 방법을 활용하여 글을 쓴다.

우리의 하루는 아침에 눈을 뜨는 순간부터 밤에 잠드는 순간까지 계속 흘러가. 그래서 시간 순서대로 이어지는 이야기를 읽으면 익숙하고 편안해. 공간도 비슷해. 아침에 집에 있다가 학교에 가면 교실, 운동장, 급식실을 옮겨 다니잖아. 장소가 바뀌면 공간의 성격이 다르기 때문에 거기서 하는 일이나 일어나는 일도 달라져. 그래서 장소 이동에 따라 쓰인 글도 읽는 사람이 쉽게 따라갈 수 있어.

글이 시간과 공간에 따라 전개되면 독자는 자기에게 익숙한 방식으로 쓴 글에 더 편안함을 느껴. 시간의 흐름에 따라 쓴 글을 읽다 보면 "다음에는 이런 일이 있겠구나."하고 예상하기도 하고 장소가 바뀔 때마다 머릿속에서 장면을 그리면서 같이 이동하는 것처럼 느끼기도 해. 그런 글은 읽는 사람의 기억에 오래 남아. 그럼 언제 이렇게 쓰면 좋을까?

역사적인 변화 과정을 보여줄 때

경제, 정치, 사회, 문화, 철학 등 다양한 분야에서 우리 삶은 계속 변화해 왔어. 과거에서 현재까지 변화를 설명할 때는 시간 순서대로 쓰면 좋아. 단순히 과거부터 현재까지의 모습들을 나열하기보다는 앞의 사건이 뒤에 어떤 영향을 줬는지까지 분석하고 정리하면 훨씬 이해가 잘 돼. '민주주의 발전과 선거제도의 변화', '여성 참정권의 역사적 발전과 변화 양상', '시대에 따른 학교 제도의 변화' 같은 주제가 여기에 해당할 거야.

> **'시대에 따른 학교 제도의 변화'를 시간의 흐름에 따라 작성한 예시**
>
> 한국의 학교 제도는 조선의 성균관이나 서당 같은 유교적 교육 기관에서 출발했으며, 1895년 교육입국조서로 근대 학제가 도입된 이후 일제강점기의 식민지적 학교 체제를 거치게 된다. 해방 이후 1951년에 6-3-3-4 학제가 확정되면서 현재와 같은 틀이 잡히게 되며, 1974년 고교 평준화, 대입은 본고사와 학력고사를 거쳐 1994년 현재와 같은 수능 체제로 전환된다.

짧은 기간 동안의 변화를 전할 때

'계절에 따른 나무의 변화', '시간의 흐름에 따른 나의 성장', '나의 성장에 따른 가치관의 변화', '월드컵 축구 경기를 보면서 겪은 나의 감정 변화' 같은 주제는 짧은 기간에 일어난 변화를 쓰기에 좋아. 몇 시간 혹은 하루, 1년, 10년 이내의 시간 흐름을 잡아내는 주제야. 이런 주제는 직접 경험한 것이라 더 진솔하고, 읽는 사람도 공감하기 쉬워.

> **'계절에 따른 나무의 변화'를 시간의 흐름에 따라 작성한 예시**
>
> 봄엔 보드라운 연둣빛 잎사귀가 빼꼼히 가지 사이로 나오기 시작한다면, 여름엔 그 잎사귀가 짙은 초록으로 바뀌며 제법 단단해지기 시작한다. 가을이 되면 노란색, 빨간색 빛깔로 변하며 다채로움을 자랑하기도 하지만, 겨울이 되면 이내 잎사귀들이 떨어지며 앙상한 가지만 남게 된다.

여러 장소의 특징을 살리고 싶을 때

'집에서 학교까지 가는 길에 거쳤던 곳들'처럼 순서대로 쓰는 경우도 있고 '내가 스트레스를 풀기 위해 가는 장소 소개'처럼 순서 상관없이 쓸 수도 있어. 순서대로 쓸 때는 시간의 흐름에 따르기도 해서 공간을 뒤섞어 배치할 수 없지만 순서가 별로 중요하지 않은 경우는 순서를 다르게 해도 괜찮아. 어떤 방식으로 쓰든 장소마다 특징과 의미를 잘 정리해서 보여주는 게 중요해.

> **'집에서 학교까지 가는 길에 거쳤던 곳들'을 장소의 흐름에 따라 작성한 예시**
>
> 아침에 집을 나서 아파트 단지의 화단을 지나면 정문 바로 앞에 편의점이 나타난다. 유리문을 열고 편의점 안으로 들어가 내가 가장 좋아하는 딸기 우유 하나를 집어 든다. 계산을 하고 나와 학교 가는 길에 있는 작은 도서관 앞에 무인 반납기 앞에 멈춰 지난주에 빌린 책을 반납한 뒤 다시 학교로 향한다.

시간과 공간의 변화를 함께 담고 싶을 때

여행기나 체험 학습 보고서는 시간 흐름에 맞춰 여러 공간을 옮겨 다니는 이야기를 쓰는 데 좋아. 여행기는 보통 여행 첫날부터 마지막 날까지 순서대로 쓰면서도 다녀온 곳 중 인상적인 곳이나 자신이 느끼고 생각한 것, 여행지의 특징을 함께 쓰게 돼. 다녀온 곳 중 일부만 골라서 쓰기 때문에 시간과 공간의 변화가 모두 드러나지. 그래서 읽는 사람은 입체적으로 상황을 느끼고 더 몰입해서 글을 읽게 돼.

> **시간과 공간의 변화를 함께 담은 글의 예시**
>
> 1일차 오전, 경주 불국사에 도착했다. 교과서에서 보았던 대웅전의 모습을 실제로 보니 신기했다. 점심을 먹고 난 후 첨성대로 향했다. 먼 옛날, 별을 보려고 했던 선조들의 지혜가 대단하게 느껴졌다. 2일차 오전엔 국립경주박물관에 가서 유물들을 살펴보았고, 인상깊은 유물에 대한 보고서를 작성한 뒤 집으로 돌아왔다.

1. 다음 문장에 알맞은 말은?

> 1) 과거에서 현재까지의 변화를 설명할 때는 ________의 순서대로 쓰는 게 좋다.
> 2) 의미 있는 장소를 옮겨가며 설명하는 경우엔 ________의 변화에 따라 글을 쓰는 게 좋다.

2. ㉠~㉣의 예시 주제들이 어떤 유형에 속하는지 바르게 연결해 보자.

㉠ 동아리 공연 리허설부터 본 공연까지의 과정

㉡ 테마파크 구역별로 인기 있는 놀이기구 타기

㉢ 집에서 학교까지 가는 길에 만나는 것들 소개

㉣ 아침 운동을 꾸준히 하면서 생긴 몸의 변화

ⓐ 시간의 흐름에 따라 쓰기 좋은 주제

ⓑ 공간의 이동에 따라 쓰기 좋은 주제

3. 시간과 공간의 변화를 아우르며 전개된 글이 독자에게 주는 효과와 그 이유에 대해 적어 보자.

더 알고 싶어 119

📖 도서　▶ 영상　🔍 사이트

📖 **『유현준의 인문 건축 기행』 (유현준, 을유문화사, 2023)**
공간의 이동에 따라 생생하게 건축물을 묘사하고 있어서 독자도 그 공간에 있는 것 같은 느낌을 주는 책이야.

▶ **영화 〈월터의 상상은 현실이 된다〉 (2013)**
주인공이 여러 장소를 여행하며 자신의 삶을 재발견하는 과정을 보여줘.

🔍 **국립중앙박물관** 시간의 흐름에 따른 역사적 변화를 볼 수 있으면서도, 전시실별 공간의 이동에 따라 달라지는 주제를 살펴볼 수 있어. 관람을 마치고, 시간과 공간의 변화를 함께 담아낸 글을 써 보는 건 어때?

표와 그래프를 활용하면 설득력이 높아져

표와 그래프로 보기 좋게 나타내고 똑똑하게 설명하기

코로나19 같이 무서운 병이 퍼질 때 감염자 수 그래프를 잘못 해석하면 어떻게 될까?
방역 조치가 늦어져서 사람이 더 많이 죽을 수도 있고 더 많은 곳으로 퍼질 수도 있어.
그래서 표나 그래프를 보여주는 것만큼 그걸 제대로 분석하는 게 정말 중요해.

학습 키워드   #표와그래프 #자료의시각화 #자료분석
교과 연계   중3 〉 국어 〉 복합양식 자료를 활용하여 내용을 생성하고 글의 유형을 고려하여 내용을 조직하며 글을 쓴다.
중3 〉 국어 〉 대상의 특성에 적합한 설명 방법을 활용하여 글을 쓴다.

글과 관련한 통계 자료를 표나 그래프로 보여주면 복잡한 통계 자료도 한눈에 알아볼 수 있고 독자들의 신뢰도 높아져. 그래서 정보 전달이나 설득을 목적으로 하는 글에는 표나 그래프가 많이 쓰여. 예를 들어 '우리 학교 학생들의 스마트폰 사용 실태'에 대한 글을 쓴다고 해 보자. 생생하고 객관적인 자료를 보여주고 싶어서 전교 학생들을 대상으로 설문을 했어. 그런데 설문 결과를 글로만 풀어내면 어떨까?

> 우리 학교의 학생들은 하루 평균 스마트폰을 얼마나 사용하느냐는 질문에 3시간 이상 사용한다는 비율이 40%를 차지했으며, 3시간 미만, 2시간 미만, 1시간 미만이 각각 27%, 25%, 8%를 차지했습니다. 스마트폰을 주로 어떤 목적으로 사용하느냐는 질문에는 소셜 미디어 67%, 게임 18%, 웹툰 시청 7%, 학습 동영상 시청 6%, 기타 2%로 나타났습니다. (…)

글로만으론 스마트폰 사용 실태가 한눈에 보이지 않지? 아래처럼 그래프로 정리하면 항목별 비율이 한눈에 보이니까 훨씬 이해가 쉬워져.

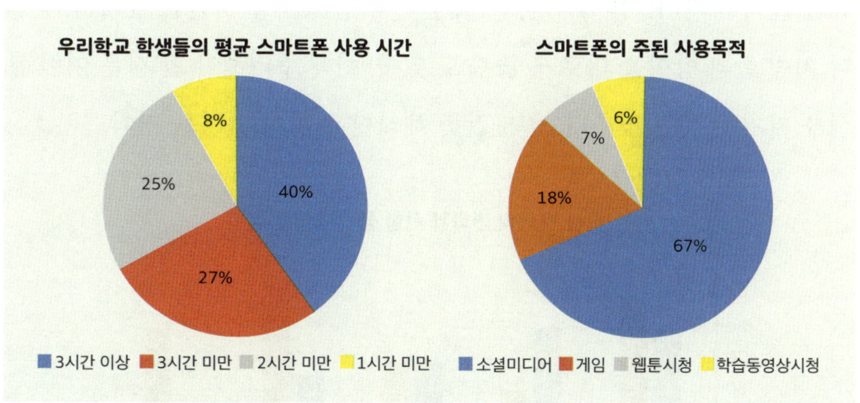

그런데 표나 그래프가 있다고 해서 저절로 신뢰성 있는 좋은 글이 되는 건 아니야. 표나 그래프는 정보의 양이 많을 때 압축해서 보여주기 때문에, 진짜 중요한 건 적절한 분석이야! 자료를 보여준 다음, 거기서 어떤 의미를 읽어내는지가 필요해. 적절한 분석이 없으면 독자 스스로 자료의 의미를 해석해야 하니 불친절한 글이 되고, 자칫 글쓴이의 의도가 잘못 전달될 가능성도 있어.

(가) 스마트폰을 평균 2시간 이상 사용하는 경우가 전체의 67%를 차지하며, 스마트폰의 주된 사용 목적은 소셜 미디어 사용인 것으로 나타났다.

(나) 스마트폰 사용 시간을 줄일 필요가 있으며, 스마트폰 사용 목적의 비중을 가장 크게 차지하는 소셜 미디어 사용을 줄이는 방향으로 해결해 나가야 한다.

(다) 스마트폰 사용 시간이 많지만, 청소년기에 필요한 소통의 기능 차원에서 소셜 미디어 사용을 제한하기보다는 게임이나 웹툰에 소비하는 시간을 줄이는 방향으로 해결해 나가야 한다.

그래서 (가)처럼 '스마트폰 평균 사용 시간이 2시간 이상인 학생이 67%다'라고 분석한 다음 글쓴이의 목적에 따라 (나)처럼 '소셜 미디어 사용을 줄여야 한다'거나 (다)처럼 '게임이나 웹툰 사용 시간을 줄이는 게 좋다'처럼 글의 방향을 다르게 쓸 수도 있어. 이때 주의해야 할 점은 이런 분석을 자기 주장에 맞추다 보면 잘못 해석할 위험이 있다는 거야.

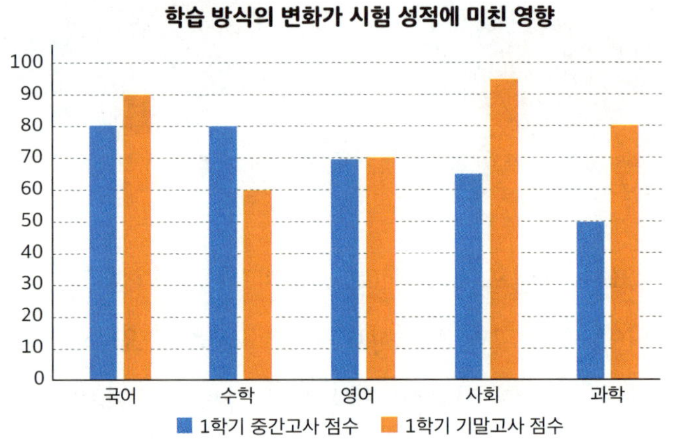

예를 들어 '학습 방식이 성적에 미친 영향'을 보여주는 그래프가 있다고 하자. 수학 점수가 떨어졌지만 시험 난이도가 높아져서 전교 등수는 올랐다면 사실 성적이 오른 거야. 반대로 국어 점수가 올랐는데 시험이 쉬워서 등수가 떨어졌다면 성적이 내려간 거고. 그래프만 보고 판단하면 이런 걸 놓칠 수 있지.

그래서 표나 그래프를 쓸 때는 필요한 정보가 빠진 건 없는지, 분석이 틀리지 않았는지 꼼꼼히 확인해야 해. 그래야 읽는 사람이 내용을 잘못 이해하는 일이 없고 글의 신뢰도가 높아져서 설득력이 있는 정확한 글이 될 수 있어. 표와 그래프를 보기 좋게 제시하고 적절하게 분석해서 글쓴이의 의도를 잘 달성할 수 있길 바라.

1. 다음 문장이 맞으면 O, 틀리면 X 해 보자.

> 통계 자료는 다소 복잡하더라도, 내용을 그대로 보여주는 것이 가장 좋다. (O / X)
>
> 같은 통계 자료를 가지고도 글의 목적에 따라 글의 방향이 달라질 수 있다. (O / X)

2. 다음 문장을 읽고 '독자', '글쓴이' 중 맞는 것에 동그라미 해 보자.

> 표나 그래프를 보여주는 경우 해석은 (독자 / 글쓴이)가 해야 하는 것이 바람직하다.

3. 글에 표와 그래프를 제시하는 경우 고려할 점으로 적절하지 않은 것은?

① 표와 그래프가 무엇을 의미하는지 적절한 분석을 해야 함.

② 분석이 틀릴 가능성이 있음을 생각하고 꼼꼼히 확인해야 함.

③ 자기 주장에 맞추다가 잘못 해석할 위험을 경계해야 함.

④ 표나 그래프가 담지 못한 숨은 정보가 있진 않은지 확인해야 함.

⑤ 독자의 혼란이 없도록 표나 그래프에 담는 정보량을 최소화해야 함.

더 알고 싶어 119

📖 도서　▷ 영상　🔍 사이트

📖 『빅데이터 시대, 올바른 인사이트를 위한 통계 101×데이터 분석』(아베 마사토, 프리렉, 2022) 통계 결과를 보여주는 다양한 도식을 소개하고, 어떻게 사용하면 좋을지 친절하게 설명하는 책이야.

▷ **우리 시대의 문제 해결은 데이터로부터 (국가데이터처)**
통계를 바탕으로 한 의사결정 사례를 통해 통계를 활용한 문제 해결 방법에 대해 생각해 볼 수 있게 해 주는 영상이야.

🔍 **캔바 - 그래프 만들기 도구** 그래프를 쉽게 만드는 데 도움이 되는 사이트야. 자료를 그래프로 만들어서 글을 쓰는 데 참고해 보면 어때?

큰 생각과 작은 생각, 체계적으로 나누어 보자

큰 범위와 작은 범위로 쪼개기

상황, 사람, 사물, 개념, 생각 등을 비슷하거나 다른 특징으로 나누다 보면 어떤 게 더 큰 범위고 작은 범위인지가 보여. 글을 쓸 때 이런 상위 개념과 하위 개념의 관계를 잘 드러내면 글이 훨씬 똑똑해지고 읽는 사람도 내용을 쉽게 이해할 수 있어.

학습 키워드　#상위개념 #하위개념 #상하관계 #위계관계
교과 연계　중3 > 국어 > 대상의 특성에 적합한 설명 방법을 활용하여 글을 쓴다.

꾀꼬리, 비둘기, 갈치, 옥돔, 제비, 고등어…. 이걸 보면 머릿속에서 자연스럽게 두 범주로 나누게 돼. '꾀꼬리, 비둘기, 제비/갈치, 옥돔, 고등어' 이렇게 말이야. 이렇게 나눈 기준은 '조류'인지 '어류'인지 같은 '대상의 종류'야. 이렇게 우리는 대상을 파악할 때 그것이 속한 범주에 대해 생각해서 내용을 구조화하고 명료하게 정리해. 이렇게 대상을 구조화하면 묶는 기준에 따라서 위계가 생겨. 이걸 상위 개념, 하위 개념으로 나누어 설명할 수 있어.

- 상위 개념은 범위가 더 넓은 개념이야.
- 하위 개념은 다른 개념 속에 포함되는 더 작은 범위의 개념이야.

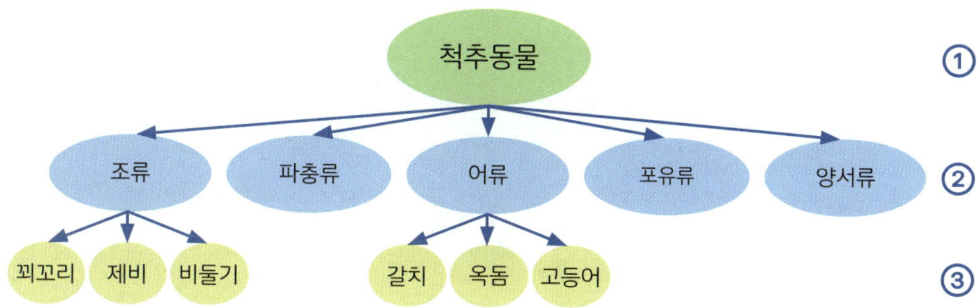

위 내용을 보자. 우리는 ③의 대상들을 ② 기준으로 묶었어. '꾀꼬리, 제비, 비둘기'는 척추동물 중 날개가 있어서 '조류'에 포함했어. ② '조류'에는 까마귀, 독수리, 참새 등 더 많은 새가 추가될 수 있어서 ③에 비해 ②가 더 넓은 범위의 개념이야. 즉 ③이 하위 개념이고 ②가 상위 개념에 해당돼. 흥미로운 건 개념의 상하관계가 고정되어 있지 않고 상황에 따라 변한다는 거야. '조류'는 '척추동물'의 하위 개념이지만 '꾀꼬리'보다는 상위 개념이야. 상황에 따라서 상위 개념이 되기도 하고 하위 개념이 되기도 해.

이렇게 상위, 하위 개념을 명확히 나누면 공통점과 차이점도 쉽게 찾을 수 있어. 예를 들어 꾀꼬리와 고등어는 둘 다 척추동물이지만, 꾀꼬리는 조류, 고등어는 어류라는 차이가 있지.

이 방법은 복잡한 문제를 정리할 때도 좋아. 예를 들어 학교 폭력을 생각해 보자. 학교 폭력 같은 사회 문제는 다양한 영역에서 복합적으로 발생해서 한 방법으로 해결될 문제가 아니야. 하지만 학교 폭력도 하위 개념을 차근차근 정리하다 보면 막연하게 보였던 큰 문제를 더 구체적으로 볼 수 있어.

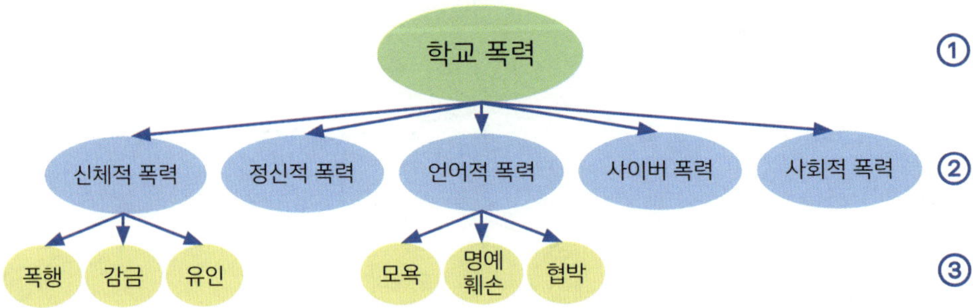

　다시 말해 '학교 폭력' 문제를 ①에 최상위 개념으로 두고 ②를 영역별 하위 개념으로 정리할 수 있어. 여기에 ②의 하위 개념에 해당하는 내용을 ③에 세부적으로 적는 거야. 그러면 범위가 너무 커 해결하기가 막연하게 느껴졌던 ①과 같은 문제를 차근차근 해결하기 쉬워져. ③의 내용인 '폭행, 감금, 유인, 모욕, 명예 훼손, 협박'등의 하위 문제를 해결할 방법을 하나씩 찾아간다면 궁극적으로는 ③의 상위 개념인 ①을 해결하는 데 도움이 될 거야.

　이렇게 상위 개념과 하위 개념으로 정리하면 개념 간의 공통점과 차이점을 드러내 명확하게 정보를 전달하기 유리하고, 복잡한 문제를 풀어 나가는 데 도움이 돼. 독자는 체계적으로 정리된 내용들을 읽게 되어 글쓴이가 전달하거나 주장하는 내용을 더욱 잘 이해하고 기억하게 될 거야. 혹시 지금 쓰려는 글의 성격이 개념의 위계를 나누기에 적절해? 그러면 상위 개념과 하위 개념을 나누는 것부터 시작해 보자.

1. 다음 빈칸에 알맞은 말은?

> 대상을 파악할 때 그것이 속한 범위에 대해 __________하게 되는데, 이를 통해 상위 개념과 하위 개념과 같은 위계가 생긴다.

2. 위 내용을 고려하여 다음 중 맞는 것을 고르자.

> − '강아지'는 '포유류'의 (상위 / 하위) 개념이다.
> − '구기 종목'은 '축구'의 (상위 / 하위) 개념이다.

3. 다음 문장이 맞으면 O, 틀리면 X 해 보자.

> 개념의 상하관계는 고정되어 있어서 단어 간의 관계는 변하지 않는다. (O / X)

4. 상위 개념과 하위 개념으로 정리하는 것의 장점이 아닌 것은?

① 개념 간의 공통점과 차이점이 잘 드러난다.
② 복잡한 문제의 해결책 마련에 도움이 된다.
③ 막연해 보이는 내용을 구체화하는 게 가능해진다.
④ 주장과 근거를 명확하게 파악하는 데 도움이 된다.
⑤ 내용이 체계적으로 정리되어 글쓴이의 이해를 돕는다.

더 알고 싶어 119　　　　　📖 도서　▷ 영상　🔍 사이트

▷ **연대별 척추동물진화계통표 - 4, 공룡의 분류 (박문호 TV)**
공룡을 분류하는 과정을 보며 상위 개념과 하위 개념의 특징을 자연스레 알 수 있어.

🔍 **네이버 지식백과 | 상위 개념과 하위 개념의 의미**
상위 개념과 하위 개념의 의미와 예시를 이해하기 좋게 담았어.

사실과 의견, 헷갈리지 않게 구분하기

'있는 그대로의 일'과 '내 생각' 나누기

사실은 '있는 그대로의 일'이고, 의견은 '내 생각'이야.
글을 쓸 때 잘 구분해서 쓰면 내용이 더 똑똑해지고 설득력도 커져.
사실과 의견을 어떻게 구분하는지 그리고 함께 쓰면 왜 좋은지 알아보자.

학습 키워드 #사실과의견 #객관과주관 #비판적사고
교과 연계 초4 〉 국어 〉 대상에 대한 자신의 의견과 그렇게 생각한 이유가 드러나게 글을 쓴다.
중3 〉 국어 〉 의견 차이가 있는 사안에 대해 자료를 수집하고 사회·문화적 맥락을 고려하며 주장하는 글을 쓴다.

'사실事實'은 실제로 있었던 일이나 지금 있는 일을 말해. 객관적으로 확인할 수 있는 내용이기 때문에 누가 봐도 똑같이 알 수 있어. 예를 들어 날짜, 수치, 측정 결과, 실제 사건 같은 게 다 사실이야. 이런 걸 바탕으로 쓴 글에는 설명문, 보고서, 기사문 같은 게 있어.

'의견'은 어떤 대상에 대해 내가 가지는 생각이야. 사람마다 다를 수 있고, 내 경험이나 가치관이 많이 반영돼. 의견이 주로 담긴 글은 수필, 논설문, 편지처럼 글쓴이의 주관적인 생각이 잘 드러나는 글들이야.

객관적인 성격의 '사실'과 주관적 성격의 '의견'은 정반대의 성격처럼 보이지만, 글 속에서는 서로를 도와줄 수 있어. 예를 들어 설명서 같은 건 사실만 들어가야 하지만, 보고서에는 글쓴이의 의견이 들어가면 의미가 더 잘 드러나는 경우도 있거든.

이 보고서를 보면 먼저 사실을 말하고 그 다음 의견을 덧붙였잖아. 덕분에 글쓴이가 "이건 내 생각이지만, 근거는 확실해."라는 걸 보여 줄 수 있는 거야. 독자의 입장에서는 믿을 수 있는 자료를 보고 나서 의견을 읽으니 훨씬 설득력이 커져.

이번에는 '학교에서 친구들과 쌓는 우정의 가치'에 대한 글을 쓴다고 하자. 사실과 의견 중 어디에 더 초점을 맞춰야 할까? 이건 개인의 생각이 많이 들어가는 주제니까 당연히 의견일 거야. 그런데 그냥 "친구랑 잘 지내면 우정이 쌓인다"라고만 쓰면 어때? 뭔가 뜬구름 잡는 느낌이지? 이럴 때는 "같이 과학 숙제를 준비하면서 서로 도와줬더니 더 친해졌다"같은 실제 사례를 넣으면 훨씬 공감이 잘 돼. 의견 위주의 글이라도 사실을 함께 쓰면 독자가 더 공감할 수 있어.

사실과 의견을 구분해 쓰면 좋은 점

이렇게 사실과 의견을 구분해서 쓰면 좋은 점은 또 무엇일까? 독자는 객관적인 사실로 명확한 정보를 얻고, 의견 덕분에 글쓴이의 주관적 관점을 확실하게 알게 되어 자신의 관점과도 비교해 볼 수 있어. 자신의 관점과 다른 경우, 어떤 사실에 대해 다양한 관점이 있다는 걸 깨달을 수 있을 거야.

글쓴이 입장에서의 장점은, 사실을 근거로 삼아 의견을 제시하기 때문에 자기 주장을 뒷받침할 수 있다는 점이야. 앞서 나왔던 장애인 의무 고용률 예에서 알 수 있듯이 사실에 기반을 둔 의견 제시는 독자에게 신뢰감을 줘서 글쓴이의 생각에 공감을 잘 할 수 있게 해 주고, 결국 독자에게 도움을 줘. 사실만 전달하는 게 아니라, 그 사실이 가진 의미까지 해석하니까 주제에 대한 깊이를 더해서 독자의 이해 수준이 높아지거든.

다만 사실과 의견을 함께 사용할 때는 주의할 게 있어. 반드시 사실과 의견을 명확히 구분해서 써야 해. 의견을 사실처럼 쓰면 안 돼. 사실과 의견이 섞이면 독자의 오해를 불러올 수 있어.

여기서 사실과 의견을 구분해 볼까? 구분이 쉽게 되었어? ①, ②는 사실과 의견 중 어디에 해당할까? 문장의 구조 때문에 다음의 경우가 모두 가능해.

청소년의 흡연 문제가 심각하다는 건 사실일 수도, 의견일 수도 있어. '심각하다'라는 표현은 이미 주관적 판단이라 애매하거든. 연구에 근거하여 심각하다고 판단한 건지 연구와 상관없이 글쓴이가 그렇게 판단한 건지 알 수 없어. 연구 내용에 정부 대책이 언급되었는지 여부에 따라 ②의 내용 역시 글쓴이의 의견일 수도 있고, 사실일 수도 있지. 이렇게 구분이 모호해지면 독자가 헷갈려서 글을 신뢰하기 어려워져. 글을 쓸 때는 사실과 의견을 명확히 해서 글을 쓰도록 노력하자.

1. 다음 빈칸에 알맞은 말은?

실제로 있었던 일이나 지금 있는 일을 _________(이)라고 하며, 어떤 대상에 대해 가지는 생각을 _________(이)라고 한다.

2. 다음 문장이 맞으면 O, 틀리면 X 해 보자.

독자가 더 신뢰할 수 있도록 자신의 의견도 사실처럼 쓰는 것이 좋다. (O / X)

3. 사실과 의견의 예시를 알맞게 연결해 보자.

㉠ 대한민국의 통화 단위는 원(KRW)이다.

㉡ 학교의 급식 메뉴는 더욱 다양해져야 한다.

ⓐ 사실

㉢ 훈민정음은 세종대왕이 만들었다.

㉣ 환경 보호를 위해 에너지를 절약해야 한다.

ⓑ 의견

4. 사실과 의견의 차이점을 설명하고, 이 둘이 글에서 함께 사용될 때의 장점을 설명해 보자.

👍 더 알고 싶어 119　　　📖 도서　▷ 영상　🔍 사이트

📖 『**청소년을 위한 개념 있는 식생활**』 (배혜림·이윤정, 뜨인돌, 2024)

우리의 식생활에 대한 사실적인 정보를 알려 주면서도 글쓴이의 의견이 덧붙어 있는 글로 구성되어 있는 책이라 사실과 의견을 구분하며 읽기에 좋아.

▷ **사실? 의견? 쉽게 이해해요!** (국가기초학력지원센터)

글을 읽고 사실과 의견을 쉽게 구별할 수 있도록 다양한 예시를 통해 설명해 주고 있어.

🔍 **각 신문사의 칼럼이나 사설** 여러 신문사의 칼럼이나 사설은 사실과 의견을 구분하며 읽는 연습을 하기에 아주 좋은 글들이야. 꾸준히 찾아서 읽어 보자.

주장을 뒷받침하는 근거, 어떻게 써야 할까?

근거에서 나오는 주장의 힘

아무리 근사한 주장을 해도 근거가 없으면 그냥 공허한 외침이 돼.
다른 사람의 생각을 바꾸거나 내가 원하는 행동을 하게 만들려면
주장을 뒷받침할 수 있는 타당한 근거가 꼭 필요해.

학습 키워드   #주장하는글   #타당한근거   #주장의논리성

교과 연계   초6 〉 국어 〉 적절한 근거를 사용하고 인용의 출처를 밝히며 주장하는 글을 쓴다.
중3 〉 국어 〉 주장을 뒷받침할 수 있는 타당한 근거를 들고 적절한 표현을 사용하여 주장하는 글을 쓴다.

'주장主張'은 자기의 의견이나 생각을 굳게 내세우는 거야. 그런데 사람들은 서로 생각이 다 다르니까 내 주장을 제대로 전하는 게 쉽지 않아. 하지만 자기의 생각을 주장하는 게 불편해서 그냥 다른 사람의 생각대로 살아간다면 어떨까?

예를 들어 점심 메뉴를 고를 때, 학급 장기 자랑 순서를 정할 때, 심지어 나라의 중요한 법을 만들거나 고칠 때도 사람들이 서로 다른 주장을 하거든. 이때 내 생각을 말하지 않으면 다른 사람의 의견에 따라가게 돼. 그래서 주장을 통해 내 의견을 남에게 전하는 것이 중요하고, 남이 내 주장에 따르게 하려면 근거가 필요하지.

'근거根據'는 왜 그렇게 생각하는지를 보여 주는 이유나 자료야. 단순히 그렇게 하고 싶어서가 아니라 다른 사람도 납득할 수 있는 이유여야 해.

주장을 뒷받침하는 좋은 근거는 다음의 세 가지를 꼭 갖춰야 해.

좋은 근거는 이런 것!

개인적인 감정으로 하는 주장이 아니라 다른 사람에게도 의미 있는 주장을 해야 하기 때문에 객관성을 가져야 해. 사실이나 데이터를 근거로 삼아야 하고, 그 내용에 문제가 없다는 걸 검증할 수 있게 명확한 출처가 있는 자료를 근거로 삼아야 해. 공식적인 기관의 통계 자료나 공신력 있는 기관의 연구 결과를 근거 자료로 삼으면 신뢰성이 더 높아져. 내용도 주장과 직접적으로 관련이 있어야 해. 이게 당연한 것인데도 글을 쓰다 보면 실수를 하는 경우가 생겨. 아래의 내용을 볼까?

위의 3가지 근거 중 주장과 관련이 없는 건 몇 번일까? 2번이야. 언뜻 보면 스마트폰으로 인한 부정적인 영향을 이야기하고 있어서 착각할 수 있지만 학업과는 직접적인 관련이 없는 내용이야. 이런 내용이 들어가 있으면 독자가 글의 논리성을 의심하게 되고 내용을 끝까지 신뢰하며 읽기 어려워져.

근거가 약하면 생기는 문제

주장을 뒷받침해 주는 좋은 근거는 위에서 이야기했듯이 객관성, 신뢰성, 주제와의 관련성이 있어야 해. 이런 면이 부족한 근거들을 사용하면 다음과 같은 문제점이 생겨.

'청소년의 스마트폰 사용을 규제하지 말아야 한다.'라는 주장을 뒷받침하는 근거들이 사실이나 데이터가 아닌, 글쓴이의 의견으로만 이루어져 있어. 학교 폭력이 줄어든 자료를 보여 주지도 않고 글쓴이의 추측을 근거로 제시하기 때문에 독자는 이 글을 믿어도 되나 의심하게 돼. 남은 내용을 읽을 때도 내용을 의심하면서 비판적인 시각을 갖고 읽을 가능성이 높아져. 결국 글쓴이의 주장이 독자를 설득하기 어려워져서 글쓴이의 목적도 달성할 수 없게 될 거야.

주장하는 글에서 가장 중요한 것은 주장을 탄탄하게 뒷받침해 주는 근거야. 타당한 근거를 통해 주장하는 것을 효과적으로 전달할 수 있길 바라.

1. 다음 빈칸에 알맞은 말은?

> 1) 자기의 의견이나 생각을 굳게 내세우는 것을 ________(이)라고 한다.
> 2) 좋은 근거의 세 가지 조건은 ________, ________, 주제와의 ________이다.

2. 근거가 약한 경우의 문제점과 생길 수 있는 문제를 적절하게 연결해 보자.

ㄱ 주장과 직접적으로 관련 없는 근거   ⓐ 내용의 객관성이 떨어진다.

ㄴ 사실이 아닌 의견으로만 이루어진 근거   ⓑ 글의 논리성이 떨어진다.

3. 아래 글의 근거가 지닌 문제점은 무엇인가?

> 학교는 점심시간을 10분 이상 늘려야 한다. 배식 대기와 이동 시간을 빼면 실제 식사 시간이 너무 적기 때문에 천천히 먹을 시간이 부족하다. 급히 먹다 보니 잔반이 늘고, 체하는 학생들도 있다. 급식 메뉴 중 가장 인기 있는 것은 불고기 볶음이다.

 **더 알고 싶어 119**

📖 도서　▷ 영상　🔍 사이트

📖 『**토론과 대화에서 지지 않는 논리학**』 (케빈 리, 이지스에듀, 2023)
주장할 때 흔히 나타나는 논리의 오류를 설명하고, 제대로 된 근거를 마련할 수 있는 방법을 설명하는 책이야. 책 내용을 꼼꼼히 읽고 적용하며 글쓰는 연습을 해 보자.

▷ **영화 〈미스 슬로운〉** 주장을 뒷받침하는 근거의 중요성을 보여주는 영화로 설득과 논리의 중요성을 깊이 이해할 수 있어.

🔍 **근거를 마련하기 위한 학술자료 검색 사이트들**
구글스콜라, 국립중앙도서관, 학술연구정보서비스, 한국학술정보

문제 해결형 글쓰기, 나만의 논리를 완성하자

문제 해결은 구체적인 방안에서 나온다

우리는 참 다양한 문제를 겪곤 해. 급식실 새치기 때문에 친구랑 다투기도 하고 부모님이 이성 친구 만나는 걸 반대해서 갈등이 생기기도 해. 이런 문제들을 해결하지 않고 그냥 덮어두면 더 불편해질 수 있어. 해결 방법을 고민하고 글로 정리해 보면 어떨까?

학습 키워드　#쟁점파악 #문제해결 #문제해결능력

교과 연계　중3 〉 국어 〉 주장을 뒷받침할 수 있는 타당한 근거를 들고 적절한 표현을 사용하여 주장하는 글을 쓴다.

　우리는 살아가면서 크고 작은 문제들을 만나. 어떤 문제는 혼자 해결할 수 있는 것도 있지만 가정에서, 학교에서, 그리고 사회에서 만나는 많은 문제는 함께 힘을 합쳐야 해결할 수 있어. 혼자가 아니라 여러 사람이 얽혀 있는 문제가 대부분이기 때문이야. 그리고 문제를 바라보는 인식이 달라서 어떤 사람은 문제가 아니라고 생각할 수도 있어. 문제로 인식해도 사람마다 문제 해결 방법이 달라서 의견을 조율해야 할 수도 있어.

　이럴 땐 혼자 고민하기 보다는 왜 이게 해결해야 하는 문제인지 독자가 느낄 수 있게 문제를 잘 설명하는 게 중요해. 그러고 나서 구체적인 해결 방안을 제시하면 다른 사람들도 해결하고 싶은 마음이 생길 거야.

　문제를 제기한 뒤 해결 방안까지 알려 주는 문제 해결적 글쓰기는

다른 사람과 함께 문제를 해결하는 데 도움을 줄 수 있어.

급식실 새치기 문제로 예를 들어 볼까? 이 주제로 문제를 해결하는 과정을 글로 써 보면 문제 해결적 글쓰기가 얼마나 효과적인지 알 수 있을 거야. 문제 해결적 글쓰기는 크게 두 단계로 나눌 수 있어. 먼저 문제를 제기하는 거야.

- 새치기가 왜 문제인지, 새치기 행동이 친구들에게 어떤 불쾌감을 주는지, 공정한 질서를 어떻게 해치는지 설명하자.
- 또 독자가 관심을 가지게 하려면 관련 사건, 기사, 설문 조사, 인터뷰 같은 자료를 함께 보여 주는 것도 좋아.
- 새치기 때문에 친구끼리 싸운 사례나 불편을 겪은 친구의 인터뷰 등을 넣으면 독자에게 문제의 심각성을 전달해 "꼭 해결해야 하는 문제구나" 하고 생각하게 해.

다음으로는 해결 방안을 제시하는 거야.

- 가능한 여러 가지 방법을 제시하고 각 방법이 가진 특징이나 장단점을 설명하면 독자도 어떤 방법이 좋을지 고민하면서 문제를 해결해야 한다고 자연스럽게 받아들이게 돼.
- 방법은 현실적으로 실천 가능해야 하고 학생 입장에서 할 수 있는 것이 좋아. 실현 가능성이 높아야 독자가 실천할 걸 염두에 두고 적극적으로 읽어나갈 수 있어.

이 관점으로 문제 해결 방안들을 평가해 볼까?

앞의 세 가지 방법은 충분히 실천할 수 있고 윤리적으로도 문제가 없어. 하지만 전자게이트 설치는 비용이 많이 들어서 현실성이 떨어지고, 명단 공개는 비윤리적인 방법이야. 이런 방법을 글에 넣으면 오히려 독자가 반감을 가질 수 있어.

문제 해결적 글쓰기는 단순히 '문제가 있다'로 끝나는 게 아니라 독자를 문제 해결의 장으로 초대해서 함께 방법을 찾아가게 만들어. 주변에 해결하고 싶은 문제가 있다면 문제 해결적 글쓰기를 해 보자. 먼저 문제를 알리고 공감대를 만든 다음, 구체적이고 실현 가능한 해결책을 제시하면 독자들도 "나도 해 볼까?"하고 생각을 하게 돼. 결국 우리 모두 함께 고개를 끄덕이며 문제 해결을 향해 나아갈 수 있게 될 거야.

1. 다음 빈칸에 알맞은 말은?

> 1) 내가 문제로 인식한 것을 다른 사람들도 문제로 인식하게 하려면 글의 도입부에
> 서 ________(을)를 제기한 뒤 ________(을)를 제시하는 게 효과적이다.
> 2) 독자에게 제시하는 해결 방안은 현실적으로 _________ 가능한 것이 바람직
> 하다.

2. 다음 문장이 맞으면 O, 틀리면 X 해 보자.

> 내가 생각하는 문제에 독자가 관심 갖게 하려면 관련 사건, 기사, 설문 조사, 인터
> 뷰 같은 자료를 보여주는 것이 효과적이다. (O / X)

3. 다음은 '자전거 안전사고 문제의 해결 방안'이야. 부적절한 해결 방안을 고르면?

　① 학생들에게 안전모 착용을 의무화하기
　② 자전거 안전 수칙 홍보 캠페인 진행하기
　③ 통학로 주변에 자전거 전용 도로를 설치하기
　④ 사고를 낸 학생의 이름을 교문 앞 게시판에 붙이기
　⑤ 사고가 자주 나는 곳엔 조심하라는 안내판을 달아 두기

4. 문제 해결적 글쓰기에서 독자가 문제의식을 갖도록 하는 과정이 중요한 이유를 설명하
　고, 그 과정에서 얻을 수 있는 효과를 적어 보자.

더 알고 싶어 119　　　　　　　📖 도서　▷ 영상　🔍 사이트

📖 『뭐? 걔가 내 뒷담화를 하고 다닌다고?』 (김신실·김지영, 봄풀출판, 2023)
　친구, 가족, 이성 등과의 관계에서 벌어지는 문제 상황에 공감하며 지혜롭게 해결하는 방법을 고민해 볼
　수 있는 책이야.

▷ **영화 〈교실 안의 야크〉**
　교사와 학생들이 함께 문제를 해결해 나가는 과정을 그렸어.

경험에서 얻은 깨달음을 어떻게 글로 만들까?

일상의 순간이 교훈이 되는 순간

위대한 업적을 세운 사람이나 사회에서 잘 알려진 유명인들의 경험만 대단하고
의미 있는 건 아니야. 우리의 하루 속에도 깨달음을 주는 보물 같은 순간들이 있어.
그냥 흘려보내면 사라지는 순간들을 잡아서 글쓰기를 시작해 볼까?

학습 키워드　#자기성찰　#경험글쓰기　#수필　#일기

교과 연계　초6 〉 국어 〉 체험한 일에 대한 감상을 나타내는 글을 쓴다.
　　　　　　중1 〉 국어 〉 자신의 삶과 경험을 바탕으로 정서를 진솔하게 표현하는 글을 쓴다.

　친구와 다툰 뒤 그 일을 가만히 생각하다 보면, 처음에는 친구가 잘못한 거 같았지만 내가 친구에게 했던 날카로운 말이 떠올라서 "그 말만은 하지 말걸." 하는 후회를 하기도 해. 친한 친구여서 오히려 쉽게 섭섭해지고 상처받을 수 있다는 걸 생각하면서 '소중한 관계를 지키려면 어떻게 해야 할까'를 고민하기도 하지. 이렇게 일상의 경험을 돌아보기 시작하면 보이지 않던 것들이 보여.

　다른 사람이 "친할수록 예의를 지켜야 해."라고 말했을 땐 그냥 고개만 끄덕였을지 몰라. 하지만 내가 직접 겪어서 얻은 깨달음은 훨씬 깊게 마음에 남아. 왜냐하면 이건 누가 시켜서 느낀 게 아니라 내 마음속에서 진짜로 흘러나온 소리니까 자신을 더 성장하게 하는 거야.

　이 과정을 더 깊이 있게 돕는 게 바로 글쓰기야. 그냥 머릿속으로만

생각하면 금방 잊어버리지만 글로 쓰면 훨씬 구체적이고 깔끔하게 정리돼. 글로 쓰다 보면 "아 이런 의미가 있었네." 하면서 새롭게 보이는 것도 많아. 그래서 글쓰기는 나를 더 잘 돌아보게 만들고 다른 사람에게도 공감과 생각거리를 줄 수 있어. 글은 다른 사람과 공유할 수 있으니까.

이렇게 일상의 경험을 아깝게 흘려보내지 않고 글로 만들려면 어떻게 해야 할까? 먼저 글로 쓸 경험을 고르고 경험에서 얻은 깨달음을 생각해. 그러고 나서 경험과 깨달음을 연결 지어 쓰면 돼.

어떤 경험을 글로 쓸지 정하기

- 쓰고 싶은 경험을 육하원칙(누가, 언제, 어디서, 무엇을, 어떻게, 왜)에 따라 구체적으로 떠올려 보며 적어 보고, 그때의 감정이나 생각도 간략히 적어 보자.
- 글로 적을 만큼 충분한 내용이 나오는 경험인지, 떠올린 감정이나 생각이 교훈이나 깨달음과 연결할 수 있는 부분이 있는지 확인하자.

경험으로부터 얻은 교훈이나 깨달음 생각하기

- 경험 속에서 배우고 깨달은 점, 스스로 성장한 점 등을 정리하자.
- 경험을 통해 자신의 변화된 모습을 생각하여 정리하자.

경험과 깨달음을 연결 짓기

- 글에 제시된 경험이 글쓴이가 말한 깨달음의 내용과 긴밀히 연결될 수 있도록 자연스럽게 연결을 짓자.

이렇게 경험을 글로 만드는 3단계를 거쳐 글을 쓰면 평범한 하루 속에서도 보물이 보이기 시작해. 일상의 경험이 깨달음의 재료로 변신하는 과정 말이야. 이런 글쓰기 과정을 거치면 얻을 수 있는 게 있어. 그건 바로, 평범한 일상이 가진 가치를 발견하려는 섬세한 시선이야. 평범한 일상도 가까이 들여다보면 깨달음을 주는 특별함이 있다는 걸 글쓰기로 이미 배웠으니까 이제는 자기에게 주어진 순간순간이 배움과 깨달음의 순간이라는 걸 느끼며 살게 될 거야.

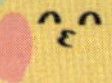

1. 다음 빈칸에 알맞은 말은?

경험을 통해 얻은 ___________(을)를 글로 정리하다 보면, 자기 자신을 돌아볼 수 있고 이 과정에서 성장을 이끌어낼 수 있다.

2. 경험을 글로 만드는 3단계에 대한 설명으로 적절한 것을 연결하자.

㉠ 어떤 경험을 글로 쓸지 정하기

ⓐ 글에 제시된 경험과 글쓴이가 말한 깨달음의 내용을 자연스레 관련지어 보기

㉡ 경험으로부터 얻은 교훈이나 깨달음 생각하기

ⓑ 경험에서 배우고 성장한 점을 정리하기

㉢ 경험과 깨달음을 연결 짓기

ⓒ 경험을 육하원칙에 따라 떠올려 보고 그 때의 감정도 간략히 적어 보기

3. 나의 경험 중 깨달음을 주었던 일을 떠올려 적어 보자.

예시 짝꿍의 첫인상이 마음에 안 들어 먼저 말도 안 걸고 며칠을 보냈는데, 대화를 해보니 정말 착하고 재미있는 친구였다. 사람을 처음 만날 때 선입관을 가지면 안 된다는 것을 깨달았다.

더 알고 싶어 119

📖 도서 ▷ 영상 🔍 사이트

📖 **『나를 돌보는 글쓰기』** (캐슬린 애덤스, 들녘, 2023)
스트레스를 줄이고, 내적인 평화를 찾게 해 주는 366개의 글감을 소개한 책이야. 책에서 안내하는 글감에 따라 글을 쓰다 보면 나의 경험 속에서 보물 같은 이야기를 퍼 올릴 수 있어.

▷ **평범한 일상을 특별하게 만드는 글쓰기 | 김애리 '어른의 일기' 저자 (세바시)**
20년 동안 총 47권의 일기를 쓴 일기 장인의 이야기를 통해 자신의 마음을 들여다보는 글의 가치에 대해 생각해 볼 수 있어.

🔍 **브런치 - 스토리 평범한 사람들의 이야기가 작품이 되는 곳**
브런치 스토리는 보통 사람들이 자기의 이야기를 꾸준히 써 내려가는 곳이야. 이곳에 올라온 이야기들을 읽다 보면 경험에서 온 깨달음이 어떻게 글이 되는지 알 수 있을 거야.

매체에 따라 글쓰기 방식을 다르게 해야 한다고?

매체마다 어울리는 글쓰기 공식

같은 내용을 전달해도 매체마다 효과가 다르다는 거 알고 있어?

마치 요리마다 재료와 조리법이 다른 것처럼 매체에도 잘 어울리는 글쓰기 방식이 있어.

그걸 알면 전달하고 싶은 내용을 더 효과적으로 전할 수 있지.

학습 키워드 #매체의특성 #매체글쓰기 #매체활용

교과 연계 초6 〉 국어 〉 독자와 매체를 고려하여 내용을 생성하고 표현하며 글을 쓴다.
중2 〉 국어 〉 복합양식 자료를 활용하여 내용을 생성하고 글의 유형을 고려하여 내용을 조직하며 글을 쓴다.

↑ 신문

↑ 인스타그램

↑ 텔레비전

한 회사가 새로 나온 컵라면 광고를 신문, 인스타그램, 텔레비전 세 가지 매체에 싣는다고 해 보자. 이렇게 광고하면 홍보 효과가 클까?

신문 광고는 종이에 인쇄돼서 사진과 글 위주로 보여 줘. 그래서 신문에는 제품 사진과 간단한 설명이 잘 어울려. 첫 번째 광고는 내용이 잘

구성되었어. 하지만 두 번째, 세 번째 광고는 매체의 특성을 살리지 못했어. 제품 사진과 홍보 문구가 있는데 왜냐고? 인스타그램은 모바일에서 한눈에 딱 들어오는 이미지나 짧은 영상으로 정보를 전달해. 그런데 신문 광고 내용을 그대로 넣으면 글자랑 사진이 다닥다닥 붙어서 집중도가 떨어지니까 인스타그램의 성격과는 맞지 않아. 텔레비전 광고는 영상으로 정보를 전달하는 매체인데, 움직임도 소리도 없이 멈춰 있는 사진과 글자를 보여주면 시청자의 시선을 잡기는 어렵겠지. 물론 상품과 관련된 정보를 전달할 수 있지만, 관심과 집중을 이끌기는 힘들어. 매체의 장점을 살리지 못해서 최대의 효과를 얻지 못한 거야. 광고 전문가들이 매체에 맞춰 광고를 따로 만드는 이유가 바로 이거야.

우리도 매체를 잘 알아야 해. '나는 광고 전문가가 아닌데?'하고 생각할 수도 있지만, 요즘은 누구나 SNS에 글·사진·영상을 올리잖아. 혼자서 살아가는 세상이 아니기 때문에 자기 의견이나 생각을 전달하는 통로로 영상·글·사진을 공유하는 매체들을 이용하잖아. 그래서 어떤 매체를 이용하느냐에 따라 글을 어떻게 써야 할지 아는 게 진짜 중요해.

매체별 글쓰기 특징

책·잡지·신문 (인쇄 매체)

책, 잡지, 신문 같은 인쇄 매체는 주로 글로 설명하니까 길고 자세하게 쓸 수 있어. 전하려는 내용을 충분히 언급하며 이해하기 쉽게 써야 해. 사진이나 도표를 적절히 넣어서 내용을 이해하기 쉽게 쓰면 좋아. 하지만 인쇄 매체이기 때문에 온라인 매체처럼 링크나 영상은 넣을 수 없어.

블로그·온라인 카페 (커뮤니티)

블로그나 카페에 쓰는 글은 인쇄 매체보다 편하고 친근한 말투를 많이 써. 온라인 독자들은 휴대폰이나 컴퓨터로 빠르게 글을 읽기 때문에 문장과 문단은 짧게 쓰고, 글자의 색깔이나 크기에 자유롭게 변화를 주면서 중요한 정보를 빨리 파악할 수 있게 쓰는 게 좋아. 사진이나 영상도 자유롭게 첨부할 수 있고, 관련된 자료는 링크를 통해 연결해 둘 수 있어서 다양하고도 방대한 양의 정보를 함께 전달할 수 있어.

SNS (인스타그램, X 등)

인스타그램이나 X(구 트위터) 같은 SNS는 글자 수나 영상의 길이, 이미지 수가 제한되어 있어서 메시지를 한눈에 보이게 전달해야 해. 블로그처럼 많은 글을 담기는 어려워. 한눈에 들어오는 사진과 영상이 핵심이야. 메시지는 짧고 강하게 쓰는 게 좋고 추가 정보가 있다면 링크로 연결해서 확인하게 하는 게 좋아.

같은 내용이라도 매체에 맞춰 표현하면 더 많은 사람에게, 더 깊이, 더 친숙하게 전달할 수 있어. 이제부터 글을 쓰기 전에 '이걸 어디에 올릴까?'를 먼저 생각해 보자. 그러면 그 매체만의 매력을 살려서 더 멋지고 효과적인 글을 쓰게 될 거야.

1. 다음 빈칸에 알맞은 말은?

> 신문, 인스타그램, 텔레비전 등 _______의 종류에 따라 같은 내용이라도 내용의 전달 방식이 달라진다.

2. 다음 문장이 맞으면 O, 틀리면 X 해 보자.

> 블로그나 카페에 쓰는 글은 잡지나 신문에 쓰는 글에 비해 친근한 말투를 사용한다.
> (O / X)

3. 글 쓰려는 목적을 고려할 때 가장 적절한 매체와 연결해 보자..

　㉠ 책, 잡지, 신문　　　　　ⓐ 사진, 영상 등의 다양한 자료뿐 아니라, 자세한 정보까지 두루 전달해야 하는 경우

　㉡ 블로그, 온라인 카페　　　ⓑ 많은 글보다는 사진과 영상 위주로 내용을 간결하게 전달해야 하는 경우

　㉢ SNS (인스타그램, X 등)　　ⓒ 글과 도표 등의 자료를 중심으로 길고 자세하게 설명해야 하는 경우

더 알고 싶어 119　　　　　　　　📖 도서　▷ 영상　🔍 사이트

📖 『10대와 통하는 미디어』 (손석춘, 철수와영희, 2023)
미디어의 개념과 활용법을 쉽게 알려주는 책으로 SNS의 올바른 사용법에 대해 고민해 볼 수 있는 내용들이 담겨 있어.

▷ 현직 교사가 말하는 미디어를 읽는 4가지 방법 (KPF한국언론진행재단)
미디어 속에 담긴 정보에 올바르게 접근하는 방법에 대해 안내하며, 제대로 이용할 수 있는 방법을 설명하고 있어.

시각화 도구로 구조도를 만들면 글쓰기가 쉬워져

글쓰기의 지도, 구조도

글감을 충분히 모았는데도 막상 글을 쓰려니 막막했던 적이 있을 거야.
여행 갈 때 지도를 보고 길을 찾는 것처럼 글도 자연스럽게 쓰려면 '구조도'라는 지도가 필요해.
구조도를 먼저 그려두면 글을 쓰는 동안 길을 잃지 않아서 짜임새 있는 글을 쓸 수 있어.

학습 키워드	#내용구조도 #시각화 #짜임새있는글
교과 연계	중3 〉 국어 〉 복수의 자료를 활용하여 다양한 형식으로 정보를 전달하는 글을 쓴다. 중2 〉 국어 〉 복합양식 자료를 활용하여 내용을 생성하고 글의 유형을 고려하여 내용을 조직하며 글을 쓴다.

구조도는 글쓰기의 설계도야. 미리 작성해 두면 어떤 순서로 이야기를 풀어갈지 어디에 어떤 내용을 넣을지 한눈에 볼 수 있어. 불필요한 내용은 뺄 수도 있고 더 필요한 게 있는지 파악하기도 쉬워. 구조도를 작성하는 데 처음엔 시간이 좀 걸리는 것 같아도 한 번 만들어 놓으면 그대로 글을 쓰기만 하면 되니까 오히려 시간이 절약돼. 그리고 글을 쓰다가 "다음엔 뭘 쓰지?" 하고 멈추거나 같은 내용을 또 쓰는 실수도 줄어. 그래서 구조도는 선택이 아니라 필수라고 할 수 있어.

구조도를 작성하는 대표적인 방식 두 가지를 알려 줄게. 구조도의 특징을 파악하고 글을 쓰기 전에 미리 구조도를 만들어 둔다면 글쓰기에 도움이 될 거야. 함께 살펴보자.

흐름도: 논리적인 순서대로 정리하기

흐름도Flowchart는 글이 어떤 순서로 흘러갈지 논리적으로 정리하는 데 유용한 방법이야. 글의 각 단계에 무슨 내용을 넣을지 정리할 때 좋아. 시간 순서나 논리적인 순서에 따라 사건, 과정, 결과를 보여줄 수 있어. 일정한 과정대로 진행하는 실험이나 연구 결과를 보여 주는 글을 쓸 때도 좋아. 일반 글도 '처음-중간-끝'의 흐름에 따라 어떤 순서로 내용을 쓸지 계획할 수 있어 도움이 돼.

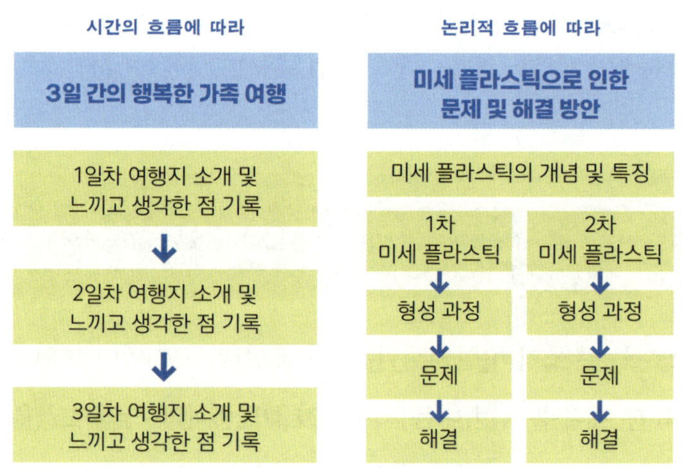

흐름도는 직선, 화살표, 상자 같은 도형을 써서 시각적으로 표현해. 그래서 복잡한 내용도 일정한 흐름대로 정리되는 걸 볼 수 있어. 글의 흐름에 따라 각 단계에서 써야 할 내용을 명확히 알 수 있어서 글을 쓰면서 헷갈리거나 혼란스럽지 않아. 매끄럽게 글을 쓰게 되어서 결과적으로 독자가 읽기 좋지.

벤 다이어그램: 효과적으로 비교하기

벤 다이어그램Venn Diagram은 두 개 이상의 대상을 비교하거나 대조할 때 유용해. 원을 겹쳐서 각각의 공통점과 차이점을 시각적으로 정리하는 방법이야. 예를 들어 '초등학교와 중학교 생활 비교' 같은 글을 쓴다면, 서로 다른 대상의 공통점과 차이점을 보여주기 좋아. 겹치는 부분에는 공통점을 쓰고, 겹치지 않는 부분에는 각자의 특징을 쓰면 돼. 그러면 공통점과 차이점이 명확하게 정리되어서 글로 옮겨 적어도 특징을 잘 드러낼 수 있어.

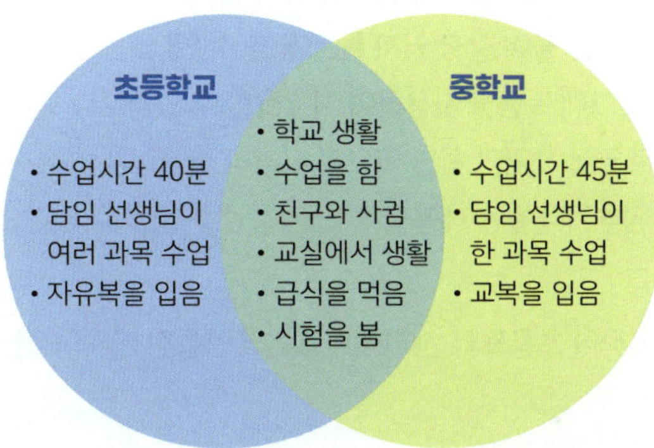

흐름도나 벤 다이어그램으로 구조도를 완성했다면, 마지막으로 체크할 게 있어. 구조도의 전체적인 흐름을 점검해서 내용이 논리적으로 잘 이어졌는지 확인하고, 글의 목적에 맞게 순서가 알맞은지 점검하는 일이야. 글이 완성되기 전까지 모든 단계에서 필요하다면 언제든 수정하거나 보완하는 게 가능하니까 구조도를 작성할 때도 부족한 부분이 있다면 수정하고 보완하면 돼. 이렇게 구조도가 완성되면, 이 구조도의 흐름에 따라 글을 쓰면 돼. 구조도를 만들면 전보다 훨씬 짜임새 있는 글이 나와. 다음에 글을 쓸 땐 꼭 구조도를 지도 삼아 시작해 봐. 글쓰기 여행이 훨씬 재미있어질 거야.

1. 다음 빈칸에 알맞은 말은?

> 1) ＿＿＿＿＿＿＿(은)는 글이 어떤 순서로 흘러갈지 논리적으로 정리하는 데 유용한 방법이다.
>
> 2) 벤 다이어그램은 두 대상의 ＿＿＿＿＿＿＿(을)를 시각적으로 정리하기 좋다.

2. 구조도 작성의 장점이 아닌 것은?

① 불필요한 내용, 더 필요한 내용을 파악하기 쉽다.

② 어떤 순서로 글을 풀어 갈 것인지 한눈에 볼 수 있다.

③ 다양한 도표, 그래프 등을 사용하여 시각화할 수 있다.

④ 작성한 대로 글을 쓰기만 하면 되므로 시간이 절약된다.

⑤ 글을 쓰다 멈추거나 같은 내용을 또 쓰는 실수를 줄일 수 있다.

3. 위 내용을 참고하여 흐름도와 벤 다이어그램의 공통점과 차이점을 정리해 보자.

＿＿＿＿＿＿＿＿＿＿＿＿＿＿＿＿＿＿＿＿＿＿＿＿＿＿＿＿＿＿＿＿

＿＿＿＿＿＿＿＿＿＿＿＿＿＿＿＿＿＿＿＿＿＿＿＿＿＿＿＿＿＿＿＿

4. 벤 다이어그램을 이용해 '일제강점기 저항시인 윤동주와 이육사'라는 주제로 글의 구조도를 만들어 보자.

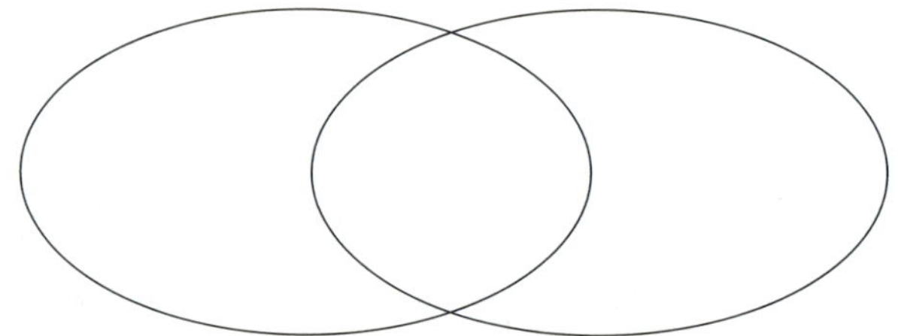

더 알고 싶어 119

📖 도서   ▶ 영상   🔍 사이트

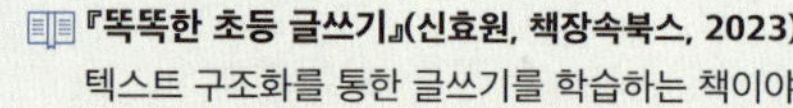

📖 『똑똑한 초등 글쓰기』(신효원, 책장속북스, 2023)
텍스트 구조화를 통한 글쓰기를 학습하는 책이야.

▶ [독서교육] 실생활 문해력! 글의 구조를 알면 핵심이 보인다! 대표 구조 5가지! (북렌즈)
독서와 관련한 설명이지만 여기 소개된 방식으로 글쓰기 전 글을 구조화하는 데 충분히 참고할 만한 정보가 있어.

자료 정리하여 글쓰기를 잘하는 나!
어떤 직업이 잘 맞을까?

관련 직업

정보 기술(IT) 및 데이터 분야: 정보통신 기술이 발달하면서 기업이나 조직이 엄청나게 많은 데이터를 만들고 전략을 세워 활용하는 시대가 되었어. 그래서 이 많은 정보를 잘 분석하고 정리해서 좋은 결정을 내리는 능력이 점점 더 중요해지고 있지. 만약 자료를 분석하고 정리하는 걸 좋아하고 잘할 자신이 있다면 정보 기술이나 데이터와 관련된 직업을 살펴보는 건 어때?

> **이런 일을 하는 직업:** 데이터 분석가, 데이터 엔지니어, 정보보안 분석가, 머신러닝 엔지니어 등
>
> **관련 학과:** 컴퓨터공학과, 정보통신공학과, 통계학과, 산업공학과, 데이터사이언스학과 등

경영 및 비즈니스 분야: 비즈니스에서는 데이터를 잘 분석하는 게 정말 중요해. 소비자들이 어떤 걸 좋아하는지, 시장이 어떻게 변하는지, 기업의 돈이 어떻게 움직이는지 같은 데이터를 분석해서 전략을 세우니까. 자료 분석이 정확하지 않으면 잘못된 결정을 내릴 수도 있고 그럼 경쟁에서 밀리거나 큰 손해를 볼 수도 있거든.

> **이런 일을 하는 직업:** 비즈니스 분석가, 재무분석가, 경영 컨설턴트, 마케팅 분석가, 제품 관리자 등
>
> **관련 학과:** 경영학과, 경제학과, 금융학과, 산업공학과, 마케팅학과 등

건강 및 생명과학 분야: 의료 전문가들은 환자의 건강 상태를 정확히 진단하고 최적의 치료 방법을 찾기 위해 다양한 데이터를 분석해야 해. 데이터를 잘못 해석하면 환자에게 맞지 않는 치료를 할 수도 있거든. 또 생명과학 연구자들도 중요한 데이터를 다뤄. 새로운 약을 개발하거나 질병이 왜 생기는지 연구할 때 실험이나 임상 시험에서 나온 수많은

데이터를 분석해야 하지.

> **이런 일을 하는 직업:** 임상 연구원, 바이오인포매틱스(생명정보학) 전문가, 의료데이터
> 분석가, 임상 생리학자, 임상병리사 등
> **관련 학과:** 의학과, 생명과학과, 공중보건학과, 바이오인포매틱스(생명정보학)학과,
> 간호학과 등

이 직업이 궁금해: 임상병리사

환자의 혈액, 소변, 체액, 조직 같은 걸 검사해서 우리 몸에 질병이 있는지 확인하고, 원인을 찾아내는 역할을 하는 분들이 임상병리사야. 어떻게 검사하냐고? 화학, 생물학, 물리학, 유전학 같은 다양한 방법을 사용해서 몸속 정보를 분석하는 거야. 혈액형 검사, 혈구 수 계산 같은 것도 하고, 검사용 시약을 만들거나 검사 과정을 정확히 기록해서 의사에게 중요한 정보를 제공해.

임상병리사가 되려면 어떤 학과에 가야 하지?

임상병리학과

> **어떤 학과일까?** 환자의 혈액, 체액, 소변, 조직 등을 화학, 생물학, 물리학, 유전학적인 방법으로 분석하는 법을 배워. 정확한 검사와 분석이 중요한 만큼 꼼꼼함과 분석력이 필요한 분야야.
>
> **어떤 학생에게 잘 맞을까?** 실험과 실습을 좋아하고 화학, 생물, 물리 같은 과목에 흥미가 있다면 딱이야. 임상병리학과에서는 다양한 검사 기계나 화학 약품을 사용해서 실습하는 일이 많아서 분석적으로 생각하는 능력이 필요해. 또 미세한 세포나 조직을 검사하고 구별해야 하니까 관찰력이 뛰어난 사람이라면 더 잘 맞을 거야. 꼼꼼하고 세심한 성격이라면 임상병리사가 되는 데 큰 장점이 될 수 있어.
>
> **주로 배우는 과목은?** 임상 생리학, 임상 화학, 임상 미생물학, 병리학, 진단 세포학 등

더 알고 싶어 119

📖 『**바이러스와 인간**』 (이낙원, 글항아리, 2020) 코로나19 바이러스의 확산을 막기 위해 노력한 의사의 실제 경험담이 생생하게 담겨 있어.

▶ **임상병리사는 어떤 일을 할까?** (영남대학교병원) 임상병리사의 하루를 밀착취재해 임상병리사의 삶에 대한 궁금증을 해소해 주는 영상이야.

🔍 **대한임상병리사협회** 임상병리사에 대한 다양한 정보를 더 얻고 싶다면 여기 들어가 봐.

4부
직접 써 보고
다듬으며
글쓰기 실력을
키우자

글에는 책임이 필요하다는 걸 알고 있니?

책임 있는 글쓰기 태도

큰맘 먹고 산 물건이 하루 만에 고장 나서 화가 난 구매자가 있었어.
그래서 그 사람이 온라인에 "이 제품 사지 마세요."라고 글을 올렸지. 그런데 나중에 알고 보니
그건 제품 불량이 아니라 본인이 사용법을 잘 몰라서 생긴 일이었어. 얼른 글을 삭제하려 했지만
이미 늦었어. 글이 여기저기 퍼지고 나서였거든.

학습 키워드　#쓰기윤리　#사회적쓰기 윤리　#저작권준수
교과 연계　초6 〉 국어 〉 쓰기에 적극적으로 참여하며 자신의 글을 독자와 공유하는 태도를 지닌다.
중3 〉 국어 〉 언어 공동체의 구성원인 글쓴이로서 자신에 대해 성찰하며, 윤리적 소통 문화
를 형성하는 데에 기여한다.

　요즘은 내가 쓴 글이 단 한 번의 클릭만으로 지구 반대편에 있는 사람한테도 바로 전달되는 세상이야. 그래서 정확하지 않은 정보를 함부로 올리면, 나쁜 의도가 없더라도 누군가 피해를 볼 수 있어. 정보가 엄청 빨리 퍼지는 시대라서 잘못된 정보 하나가 많은 사람을 피해자로 만들 수도 있거든.

　위의 예시처럼 작성자가 오해한 내용을 글로 올리면 물건을 판 업체가 손해를 볼 수도 있어. 만약 그 글이 빠르게 퍼져서 업체가 큰 피해를 입게 된다면, 업체가 나한테 손해배상을 요구할 수도 있어. 결국 내 글이 다른 사람뿐 아니라 나한테까지 피해를 줄 수 있는 거지. 우리가 쓰는 글은 우리 생각보다 훨씬 더 큰 영향을 미칠 수 있어. 다른 사람에게 긍정적인 영향을 주는 글이 될 수도 있지만 그 반대 상황이 될 수도 있다는

걸 기억해야 해. 파급력이 큰 만큼 책임도 크다는 거야. 그래서 글을 쓸 때는 항상 사회적 책임감을 갖는 게 중요해.

사회적 책임을 생각하며 글 쓰는 방법

그렇다면 어떻게 해야 나도 지키고 다른 사람도 지킬 수 있을까? 글을 쓰기 전에 정확한 정보인지 확인하고, 누군가에게 피해를 줄 가능성은 없는지 살펴봐야 해. 사회적 책임감을 바탕으로 쓰기 윤리를 지키는 글을 쓰는 방법은 다음과 같아.

타인의 글을 함부로 베끼지 않기

글쓰기 숙제를 제출해야 하는데 시간에 쫓기거나 아이디어가 떠오르지 않는다고 해서 인터넷에서 찾아낸 글을 짜깁기 해 낸 적은 없지? 그건 '표절'이야. 다른 사람의 생각이나 글, 창작물을 허락 없이 쓰는 건 잘못된 일이고, 법적으로도 처벌받을 수 있어.

불확실한 정보는 쓰지 않기

1998년, 영국의 한 의사가 소아 백신MMR을 맞으면 자폐증에 걸릴 수 있다는 논문을 발표했어. 이 때문에 많은 부모가 백신 접종을 거부했지. 하지만 나중에 그게 사실이 아니라는 게 밝혀졌어. 이 때문에 백신을 맞지 않은 아이들에게 홍역 같은 질병이 다시 퍼졌고, 결국 그 의사는 의사 자격을 잃었어. 이렇게 확인 안 된 정보를 쓰는 건 엄청난 피해를 만들 수 있어. 글을 쓸 때는 내가 글을 통해 전하는 정보가 정확한지 한 번 더 확인하는 과정을 꼭 거치도록 하자.

확인되지 않은 정보로 성급하게 추측하는 글을 쓰면 독자에게 잘못된 정보를 전달할 수 있어. 그것 때문에 불필요한 오해를 만들거나, 누군가의 명예를 훼손할 수 있어. 예를 들어 선생님이 전교 1등 학생 질문에 답을 해 주는 걸 봤다고 "선생님이 전교 1등만 따로 가르쳐 준다."는 글을 학교 게시판에 올린다고 생각해 봐. 이 글을 본 사람들은 선생님의 의도나 전교 1등 학생의 실력을 의심할지도 몰라. 성적과 같이 민감한 사항이 관련된 글이라 관심은 많이 받겠지만, 사실 확인도 안 된 얘기가 퍼지면 선생님이나 그 학생이 억울한 상황에 처할 수 있어. 물론 잘못된 정보를 퍼트린 것에 대한 책임을 져야 하니까 본인에게도 피해가 돌아오게 될 거야.

요즘은 온라인에서 정보가 너무 빨리 퍼지고, 사실인지 정확한 정보인지 충분히 확인하지도 않은 채 전달되는 일이 많아지고 있어. 누가 처음 만들었는지 알기도 어려워. 퍼지는 동안 원래 내용이 계속 바뀌거나 가공되기도 해. 그래서 글을 쓸 때는 반드시 자료의 출처를 밝혀야 하고, 함부로 내용을 변형하거나 왜곡해서는 안 돼. 내 글이 미치는 파급력을 생각해서 독자에게 정확한 정보를 전하고, 내 글 때문에 피해 보는 사람이 없도록 책임감 있는 글쓰기를 항상 실천하자.

1. 다음 빈칸에 알맞은 말은?

> 1) 글을 쓸 때는 내가 쓴 글이 자칫하면 다른 사람에게 피해를 줄 수 있음을 염두에 두고 사회적 _________(을)를 갖고 써야 한다.
>
> 2) 확인도 되지 않은 정보에 대해 성급하게 _______하는 글을 쓰면 독자에게 잘못된 정보를 전달할 수 있다.

2. 다음 문장이 맞으면 O, 틀리면 X 해 보자.

> 과거에 비해 요즘은 정보가 빠르게 퍼지는 시대이기에 내가 쓴 글의 파급력을 고려하며 글을 써야 한다. (O / X)

3. 사회적 책임을 다하는 글쓰기로 보기 어려운 것은?

① 타인의 창작물을 저작자의 허락 없이 함부로 쓰지 않는다.

② 다른 자료를 참고하여 글을 쓸 때는 자료의 출처를 밝혀 적는다.

③ 다른 사람이 만든 자료의 내용을 변형해서 나만의 글로 작성한다.

④ 중요한 정보의 경우 그 내용이 사실인지 확인하는 과정을 거친다.

⑤ 내가 쓴 글로 인해 명예가 훼손되는 사람이 있지는 않은지 확인한다.

 더 알고 싶어 119   📑 도서 ▷ 영상 🔍 사이트

📖 『가짜뉴스를 시작하겠습니다』 (김경옥, 내일을여는책, 2019)
　　질투심에 시작한 작은 거짓말이 친구와 가족, 이웃들에게까지 영향을 미치는 상황에 친구들이 팩트 체크를 시작하면서 벌어지는 흥미진진한 이야기가 담겨 있어.

▷ 다큐멘터리 〈소셜 딜레마〉 (2020)
　　중독과 가짜뉴스에 시달리는 현대 사회. 실리콘밸리 전문가들이 용기 내어 경고하고 있어. 자신의 창조물, 소셜 미디어를 주의하라고. 다큐멘터리와 드라마를 결합한 영화야.

🔍 위키백과 - 가짜뉴스 가짜뉴스라는 용어가 생긴 근원과 의미를 자세히 밝히고 관련한 예시를 통해 다양한 유형을 알려 주고 있어.

좋은 글은 나와 사회를 더 나아지게 만들어

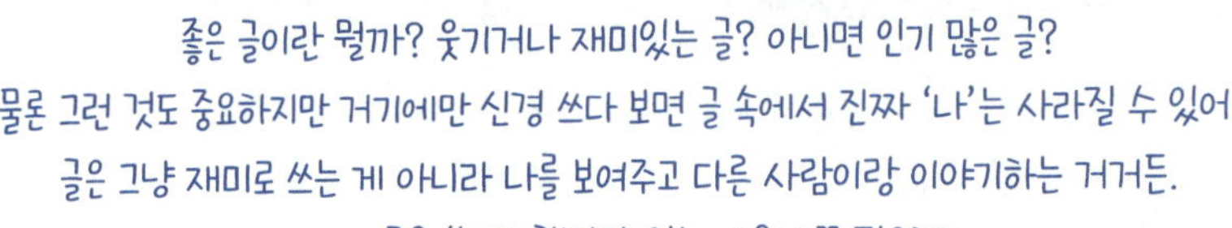

좋은 글이란 뭘까? 웃기거나 재미있는 글? 아니면 인기 많은 글?
물론 그런 것도 중요하지만 거기에만 신경 쓰다 보면 글 속에서 진짜 '나'는 사라질 수 있어.
글은 그냥 재미로 쓰는 게 아니라 나를 보여주고 다른 사람이랑 이야기하는 거거든.
그래서 글을 쓸 땐 책임감 있는 마음이 꼭 필요해.

학습 키워드　#개인적쓰기윤리　#책임감있는글쓰기　#진실하게쓰기

교과 연계　초6 〉 국어 〉 쓰기에 적극적으로 참여하며 자신의 글을 독자와 공유하는 태도를 지닌다.
중3 〉 국어 〉 언어 공동체의 구성원인 글쓴이로서 자신에 대해 성찰하며, 윤리적 소통 문화를 형성하는 데 기여한다.

글을 쓰다 보면 더 많은 사람의 관심을 받고 싶은 순간이 있어. 예를 들어 조금만 화가 났던 일이지만 엄청 큰일처럼 부풀려 쓰면 사람들의 관심을 더 받을 수 있겠다고 생각하는 거야. "이 사건이 진짜 심각한 것처럼 조금 과장해 볼까?" 하고 고민하다 보면 화난 건 사실이니까 완전 거짓말은 아니라고 스스로 합리화하게 되지. 그리고 "이건 내 마음속에서 일어난 일이니까 거짓이라고 할 사람은 없을 거야." 하면서 죄책감 없이 글을 쓰게 될 수도 있어.

그런데 이렇게 쓴 글이 스스로에게 어떤 의미가 있을까? 글을 쓴다는 건 글을 통해 독자와 만나는 걸 의미하는데, 이때 독자와 만나고 있는 글쓴이는 진정한 '나'일까? 나의 이야기가 다른 사람에게 의미 있게 다가가길 바란다면, 글을 쓸 때 꼭 지켜야 할 게 있어. 바로 내 글에 진실하

게 임하는 태도, 내 글을 읽는 독자에 대한 책임감 있는 태도야.

이걸 '개인적 쓰기 윤리'라고 해. 그럼 이런 글쓰기가 어떤 건지 같이 살펴보자.

내 생각과 느낌을 솔직하게 쓰기

글을 쓸 때 중요한 건 내 생각과 감정을 솔직하게 드러내는 거야. 자극적인 내용으로 꾸미면 잠깐은 주목받을 수 있지만, 과장으로 채운 글은 독자의 마음속에 오래 남기 힘들고 신뢰도 잃을 수 있지. 예를 들어 조금 힘들었던 하루를 보내고 "오늘은 나한테 폭풍 같은 하루였다"라고 시작했다고 해 보자. 그러면 그 말에 맞춰 글의 내용들을 엄청 힘든 것처럼 부풀려 써야 해. 하지만 경험에서 우러나지 않은 거짓된 내용에 독자가 공감하기는 어려울 거야. 아무리 꾸며도 진짜 폭풍을 겪은 사람과는 비교도 안 될테니까. 그러니까 진짜 내 이야기를 해 주는 게 제일 좋아.

거짓으로 나와 다른 사람을 속이지 않기

독자가 확인하기 어려운 이야기라고 해도, 없는 일을 지어내면 안 돼. 전교 학생회장에 출마해 연설문을 쓴다고 할 때, 연설에서 리더십을 보여주려고 실제로 안 한 일을 한 것처럼 말한다면 어떨까? 목표를 이루면 괜찮은 걸까? 당장은 원하는 결과를 얻을 수 있어도, 그건 진짜 내 능력으로 이룬 게 아니라서 나의 성취라고 볼 수 없어.

남을 속이면 그 사람의 선택 기회를 빼앗는 거고, 나도 떳떳하지 못해. 결국 진심으로 인정받는 기회까지 잃게 돼. 남에게도 나에게도 항상 떳떳할 수 있는 글을 쓰기 바라.

다른 사람의 마음 배려하기

다른 사람 이야기를 쓸 때는 한 번 더 생각하고 조심스럽게 쓰는 습관이 필요해. 글은 다른 사람 마음에도 영향을 줘. 우리가 쓴 글이 다른 사람의 감정을 상하게 하고 상처를 주게 된다면 그건 좋은 글이 아니야. 소풍 후기 중에 이런 글이 있다고 생각해 봐. 이 글은 다른 사람의 감정을 충분히 배려했는지 생각하며 읽어 보자.

> (…) 오전 일정을 마무리하고, 초록 공원에 도착한 우리는 점심 도시락을 함께 나누어 먹기 위해 모둠별로 모여 앉았다. 아침부터 정성스레 싸 주신 엄마의 도시락을 뿌듯하게 꺼내 보이면서 다른 친구들의 도시락도 살펴보았다. 다른 친구들의 도시락도 하나같이 모두 맛있어 보였는데, 지유는 도시락이 없이 그냥 삼각김밥을 사 온 게 아닌가. 다 같이 도시락을 나누어 먹기로 했는데, 편의점에서 사 온 음식을 내놓은 모습에 실망스러웠다. (…)

이 글을 보면 지유는 상처받을 수 있어. 부모님이 바쁘시거나 편찮으셔서 도시락을 못 싸주셨을 수도 있는데, 나쁜 의도가 아니더라도 이런 글을 보면 속상한 마음이 들 거야. 그러니 다른 사람 이야기를 쓸 때는 한 번 생각하고 조심스럽게 쓰는 습관이 필요해.

내 손으로 쓴 글에는 늘 책임이 따라. 거짓이나 과장이 없는 진짜 나의 이야기를 솔직하게 풀어낼 때, 독자도 그 이야기의 진정성을 알아볼 거야. 자기만의 특별한 이야기를 진실한 목소리로 풀어내길 기대할게.

1. 다음 빈칸에 알맞은 말은?

> 독자에 대한 책임감 있는 태도로 글을 쓰는 것을 개인적 __________(이)라고 한다.

2. 다음 문장이 맞으면 O, 틀리면 X 해 보자.

> 이야기의 재미를 위해 나의 감정이나 생각을 약간 과장해서 쓰는 것은 괜찮다.
> (O / X)

3. 개인적 쓰기 윤리를 지키며 글을 쓰는 자세로 적절하지 않은 것은?

① 내가 쓰는 글에 진실한 태도로 임한다.
② 내 생각과 감정을 부풀려 쓰지 않는다.
③ 사실에 근거하여 거짓 없이 쓰도록 한다.
④ 내 글로 인해 피해 보는 독자가 없도록 쓴다.
⑤ 독자의 관심과 주목을 받는 것을 목표로 쓴다.

4. 글을 쓰면서 타인의 감정을 배려하는 것이 왜 중요한지 설명하고, 그렇게 하려면 글을 쓸 때 어떤 점을 조심해야 하는지 적어 보자.

더 알고 싶어 119

📖 도서　▷ 영상　🔍 사이트

📖 『**중등 글쓰기, 어떻게 하지?**』 (한국글쓰기교육연구회, 양철북, 2017)
　한국글쓰기교육연구회 교사들이 쓴 글쓰기 지도 사례집으로 다양한 글쓰기 사례를 통해 내 글쓰기를 어떻게 해야 할지 도움을 받을 수 있어.

▷ **에세이, 나를 살리는 글쓰기**
　내 안의 감정을 글로 쓰 다보면 내 마음이 편해질 수 있어. 진실한 글, 나를 속이지 않는 글엔 그런 힘이 있거든. 나민애 교수님의 이야기를 계기로, 내 마음을 돌아보는 글의 가치를 알고 써 보길 바라.

평범한 문장도
표현을 바꾸면 새로워져

글맛을 살리는 비법

똑같은 음식이라도 어떤 그릇에 어떻게 담느냐에 따라 전혀 다른 음식처럼 보이는 것처럼
같은 내용을 전하더라도 표현 방법을 달리해서 글을 쓰면 독자가 느끼는 재미와 집중도가 달라져.
그렇다면 어떻게 해야 독자가 글을 끝까지 재미있게 읽게 만들 수 있을까?

학습 키워드　#참신한표현　#비유　#생생한표현
교과 연계　초6 〉 국어 〉 독자와 매체를 고려하여 내용을 생성하고 표현하며 글을 쓴다.
　　　　　　중3 〉 국어 〉 다양한 표현을 활용하여 자신의 생각과 느낌이 드러나는 글을 쓰고 독자와 공유한다.

필요해서 읽기 시작했는데도 읽다가 자꾸 멈추게 되는 글이 있어. 너무 흔하고 뻔한 표현만 쓰면 지루해져서 끝까지 읽기 힘들거든. 그럼 독자는 같은 내용을 다루지만 더 재밌는 다른 글을 찾아가 버려. 애써서 쓴 글이 독자에게 지루함을 주고 읽기 힘든 글이 된다면 어떨까? 요즘은 매체도 많고 글도 넘쳐서 비슷한 내용을 다루는 글이 아주 많아. 내 글이 그 속에서 읽히려면, 독자가 끝까지 읽고 싶게 만드는 매력 있는 표현이 필요해.

독자의 사랑을 받는 글, 끝까지 읽히는 글은 '참신하고 다양한 표현'을 쓴 글이야. 흔한 말 대신 새롭고 재밌는 표현, 눈앞에 그림처럼 그려지는 표현이 있으면 독자가 흥미를 느끼고 글 속으로 빠져들게 되어 있어. 물론 내용이 부실하면 표현이 아무리 멋져도 소용없어. 전달하려는 내용

을 탄탄하게 준비한 뒤, 여기에 독자의 관심을 끌 표현을 더하는 게 좋아. 지금부터 참신하고 다양한 표현 기법을 알려 줄게.

비유로 감각을 깨우기

비유는 눈에 안 보이거나 직접 만질 수 없는 걸, 마치 눈앞에 있는 것처럼 표현하기에 좋은 방법이야. 글을 쓰는 사람은 자기가 겪은 일이나 감정을 잘 아니까 쉽게 쓸 수 있지만, 읽는 사람은 그걸 직접 겪어본 적이 없을 수도 있잖아. 그래서 그냥 "시험이 어려웠다."라고 쓰면, 읽는 사람이 그 마음을 잘 못 느낄 수 있어. 이럴 때 비유를 쓰면 이해가 훨씬 쉬워져. 예를 들어 "시험지를 받은 나는 거대한 미로 앞에 서 있는 기분이었다. 출구를 찾지 못하고 미로 안을 방황하는 사람처럼 정답을 찾지 못한 채 혼란스러웠다." 라고 쓰면 그냥 "시험이 어려웠다."라고 하는 것보다 훨씬 생생하지? 읽는 사람도 그 상황을 머릿속에 그리면서 글쓴이의 마음을 더 잘 느낄 수 있게 돼. 그러면 글에 더 몰입하게 되는 거지.

반어적 표현으로 의외성 살리기

반어적 표현은 말하고 싶은 뜻과 반대되는 표현을 써서 재미나 강조를 주는 방법이야. 예를 들어 약속 시간마다 늦는 친구가 오늘도 늦었는데 "와, 진짜 빨리 왔네!"라고 하면 듣는 사람은 '아, 또 늦었구나'라는 걸 바로 알아차려. 게다가 그냥 "늦었네"라고 하는 것보다 더 인상이 강해. 시험 얘기도 해볼까? 모두가 어렵다고 느낀 시험을 보고 "시험이 너무 쉬워서 아무도 답을 쓰지 못했다"라고 쓰면, 진짜 쉬웠다는 뜻이 아니라 엄청 어려웠다는 걸 강조하는 거야. 이렇게 하면 읽는 사람이 '아~ 진짜 어려웠구나' 하고 더 강하게 느끼게 돼.

점층 표현으로 긴장감 주기

점층 표현은 표현을 조금씩 더 강하게 하면서 절정으로 끌어올리는 방법이야. 이렇게 하면 읽는 사람이 점점 긴장감과 몰입을 느껴.

"플라스틱 페트병 하나가 바다에 흘러든다. 파도와 바위에 부서져 하나의 페트병은 수많은 미세 플라스틱 조각으로 흩어진다. 이 작은 조각들은 해류를 따라 바다 곳곳으로 퍼져 나간다. 바다 생물들은 이 미세한 조각들을 먹이로 착각해 삼키고, 먹이사슬을 타고 더 큰 생물에게로 이동하다가 마침내 인간의 식탁에까지 도달하게 된다." 이렇게 쓰면, 점점 상황이 커지고 심각해지는 걸 느낄 수 있지? 읽는 사람도 내용에 더 집중하게 되고, 전하고 싶은 메시지가 훨씬 강하게 전달돼.

글이 아무리 좋은 내용을 담고 있어도 그걸로는 독자 마음을 완전히 사로잡기 어려워. 독자가 글 속 세상에 쏙 빠져들게 하려면 참신하고 다양한 표현이 꼭 필요해. 쓸 내용이 이미 잘 준비됐다면 이제는 어떻게 표현할지 고민해 봐. 비유나 반어, 점층 같은 표현을 잘 쓰면 독자가 처음부터 끝까지 글에서 눈을 못 뗄 거야. 우리의 글이 그런 글이 되길 바랄게.

1. 다음 문장이 맞으면 O, 틀리면 X 해 보자.

> 흔하게 사용하는 표현을 사용하면 독자가 쉽게 이해해서 흥미롭게 읽는다.
> (O / X)

2. 다음 빈칸에 알맞은 말은?

> 독자에게 사랑을 받고, 끝까지 읽히는 글을 쓰려면 __________하고 다양한 표현을 사용해야 한다.

3. 글의 표현 방식과 예시를 바르게 연결해 보자.

㉠ 비유적 표현 　　　　ⓐ 바람이 불더니, 빗방울이 떨어지고, 폭풍우가 몰아쳤다.

㉡ 반어적 표현 　　　　ⓑ (오늘도 지각한 친구에게) 와, 정말 일찍 왔네.

㉢ 점층적 표현 　　　　ⓒ 지은이의 미소가 꽃같이 화사했다.

4. 참신하고 다양한 표현이 글의 매력에 어떻게 기여하는지 적어 보자. 비유적, 반어적, 점층적 표현이 각각 어떤 상황에서 효과적으로 사용될 수 있는지 예를 들어 설명해 보자.

더 알고 싶어 119

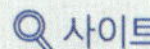 📖 도서　▷ 영상　🔍 사이트

▷ **기초 용어 특강 | 반어 (EBS 중학프리미엄)**
반어에 대해 이해하기 쉽게 개념을 설명하고, 예시도 들어주기 때문에 반어적 표현을 이해하고 글쓰기에 참고가 될 거야.

🔍 **위키백과 - 수사법 문장을 쓸 때 사용할 수 있는 다양한 표현 방법들**
이 글에서 소개한 비유적 표현, 반어적 표현, 점층적 표현 외에도 글을 참신하게 만드는 다양한 표현들이 존재해. 그러한 표현들을 익혀서 글을 더 매력적으로 만들어 보자.

중심 사건을
원인과 결과로 정리해 볼까?

원인과 결과에 따른 사건 정리

책 읽고 독후감을 쓸 때 그냥 줄거리만 쭉 적으면 조금 밋밋할 때가 있지?
이럴 땐 원인과 결과로 정리하면 이야기가 훨씬 뚜렷해져. 책 속 인물의 행동에는
다 이유가 있거든. 어떤 사건이 왜 일어났는지 그 뒤에 어떤 결과가 나왔는지를 따져보면
인물의 행동 속 숨은 의미도 보이고, 이야기 속 메시지도 더 잘 느낄 수 있어.

학습 키워드   #원인과결과   #사건개연성   #독후감

교과 연계   초6 〉 국어 〉 알맞은 내용을 선정하여 대상의 특성이 나타나게 설명하는 글을 쓴다.
       중3 〉 국어 〉 대상의 특성에 적합한 설명 방법을 활용하여 글을 쓴다.

독후감을 쓸 때 원인과 결과를 밝혀서 쓰면 글의 구조가 더 단단해지고, 다른 사람이 독후감을 읽었을 때 책이 주는 감동이나 매력을 더 쉽게 느낄 수 있어. 내가 읽은 책의 의미를 기록하기 위해 독후감을 쓰는 것이지만, 내 독후감을 다른 사람이 읽었을 때 내가 느낀 감동이나 깨달음을 더 생생하게 느끼게 쓸 수 있다면 그것보다 좋은 독후감은 없겠지? 이런 독후감을 쓰고 싶다면 책 속 사건이나 내용을 원인과 결과에 따라 정리해 보자.

책 속 인물이 '무엇을 했다'라고만 서술하기보다, '무엇 때문에 어떻게 하게 되었다'라고 서술하면 인물이 왜 그렇게 행동했는지가 드러나니까 사건의 의미가 뚜렷해지고, 읽고 난 뒤의 감상도 더 설득력 있게 전달돼. 게다가 원인과 결과를 기준으로 감정을 적으면 글쓴이의 생각이 독

자에게 더 잘 전해져서 읽는 사람이 "아, 그렇구나!"하고 고개를 끄덕이게 되지. 예시를 하나 볼까?

처음 만난 자라의 말을 덜컥 믿고 용궁까지 따라가 죽을 위기를 맞았던 토끼는 어리석어 보인다. 하지만 토끼가 자라를 따라갔던 이유를 생각해 보면 이야기가 달리 보일 것이다. 자라가 말한 용궁 속 세상은 토끼가 살아가는 현실과는 너무나 달랐고, 꿈같은 세계였다. 무서운 동물들에게 쫓기며 매일 목숨에 위협을 느낄 만큼 삶이 고단했던 토끼였기 때문에, 고단한 현실과 반대되는 용궁 세계에서 남은 삶을 근심 없이 편안히 살고 싶다고 생각하게 되면서 자라를 따라갔던 것이다. 이 부분을 생각해 본다면, 당시 탐관오리에게 수탈당하며 고단한 삶을 살았던 백성들의 '현실을 벗어나고 싶은 소망'이 작품에 반영되어 있다고도 볼 수 있다.

위 감상문에서 밑줄 친 부분은, 토끼가 자라 얘기를 듣고 용궁에 가기로 마음먹은 이유를 원인과 결과로 분석한 거야. 그리고 그 분석 뒤에 글쓴이의 해석을 덧붙였지. 이렇게 독후감을 쓸 때 인물의 행동을 원인과 결과로 분석하고 거기에 내가 생각한 해석을 이어서 쓰면, 글 구조가 탄탄해지고 개연성 있는 감상이 독자에게 잘 전달돼. 독후감을 이런 식으로 쓰면 작품에 대한 여러분만의 생각을 논리적으로 똑똑하게 보여줄 수 있어.

1. 다음 빈칸에 알맞은 말은?

> 독후감을 쓸 때 _________(와)과 _________(을)를 분석하면 글쓴이의 감정과 생각을 설득력 있게 전달할 수 있고, 읽는 사람은 인물의 행동과 사건이 어떻게 이어지는지 더 쉽게 이해할 수 있게 된다.

2. 〈홍길동전〉을 읽고 원인과 결과를 기준으로 감상문을 쓰는 연습을 해 보자.

힌트 먼저 홍길동이 어떤 문제나 상황에 놓였는지 생각해 보고 그때 홍길동이 어떤 행동을 했는지 눈여겨 살펴봐. 그리고 그 행동으로 생긴 변화를 살펴보면서 내가 느낀 점이나 배운 점, 그리고 나만의 분석도 적어 보자. 적은 내용들을 엮어 글로 다듬어 쓰면 원인과 결과가 잘 갖추어진 한 편의 글이 완성될 거야.

홍길동전			
책의 내용 중, 원인과 결과로 나눌 수 있는 부분을 적고 그 부분에 대한 나의 생각(느낀 점, 배운 점, 나의 분석)을 적어 보자.			
1	원인		느낀 점
	결과	→	
2	원인		배운 점
	결과	→	
3	원인		나의 분석
	결과	→	

3. 배운 걸 적용해서 원인과 결과가 잘 보이게 〈홍길동전〉 독후감을 직접 써 보자.

 **더 알고 싶어 119**

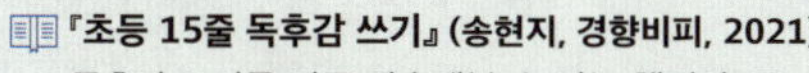

📑 도서　▷ 영상　🔍 사이트

📑 『**초등 15줄 독후감 쓰기**』(송현지, 경향비피, 2021)
　독후감 쓰기를 집중 연습해볼 수 있는 책이야. 글쓰기 실력은 반복된 연습을 통해 쑥쑥
　늘 수 있어. 도전해 볼까?

▷ [**다깨침 학습자료 쓰기편**] **원인과 결과 글쓰기** (부산광역시교육청)
　원인과 결과에 맞춰 글을 쓸 수 있는 방법에 대해 자세히 알아보고, 연습하다 보면 어느
　새 자기 생각을 논리적으로 쓰는 방법에 익숙해질 거야.

같은 내용, 매체에 따라 다르게 써야 하는 이유

매체에 맞춰야 효과가 쏙쏙

매체마다 읽는 사람과 글의 길이, 전달 방식이 달라서 똑같이 쓰면 오히려 효과가 줄어들 수 있어.
예를 들어 신문 기사와 인터넷 카드뉴스는 둘 다 정보를 전하지만 방식이 완전 달라.
이 차이를 알면 신문 기사를 카드뉴스로 변신시키는 것도 가능해져.

학습 키워드 #매체글쓰기 #카드뉴스 #신문기사

교과 연계 초6 〉 국어 〉 독자와 매체를 고려하여 내용을 생성하고 표현하며 글을 쓴다.
중2 〉 국어 〉 복합양식 자료를 활용하여 내용을 생성하고 글의 유형을 고려하여 내용을 조직하며 글을 쓴다.

신문 기사랑 인터넷 카드뉴스의 공통점은 둘 다 '정보 전달'에 충실하다는 거야. 그렇지만 매체의 특징이 다르니까 정보를 구성하는 방식도 달라. 신문 기사는 글 위주라서 정보의 양이 많고, 깊이 있게 이해할 수 있도록 도와줘. 반면 인터넷 카드뉴스는 여러 장의 이미지와 짧은 글로 핵심 정보만 간단하게 전해. 사진이랑 글이 함께 있어서 짧은 시간에 내용을 직관적으로 파악할 수 있지. 대신 정보의 양이 적으니까 자세한 내용을 알려 주려면 추가 설명이 필요해.

신문 기사 플라스틱 오염, 바다 생태계와 인간을 위협

수십 년 동안 플라스틱 폐기물이 바다로 유입되면서 해양 생태계가 심각한 위기에 빠졌다. 특히 플라스틱 페트병, 비닐봉지 등은 바다로 유입되어 파도와 바

위에 부딪히며 점점 더 작은 조각으로 분해된다. 이렇게 만들어진 미세 플라스틱은 눈에 보이지 않을 만큼 작아져 바닷속 해양 생물들이 이를 먹이로 착각해 섭취하게 된다. 과학자들은 인간이 결국 먹이사슬에 의해 미세 플라스틱을 섭취하게 될 것이라 경고한다. 실제로 최근 연구에서 인간이 섭취하는 해산물에서 미세 플라스틱이 검출되고 있다. 미세 플라스틱으로 인해 바다 생태계뿐 아니라 인간의 건강도 위협받고 있다.

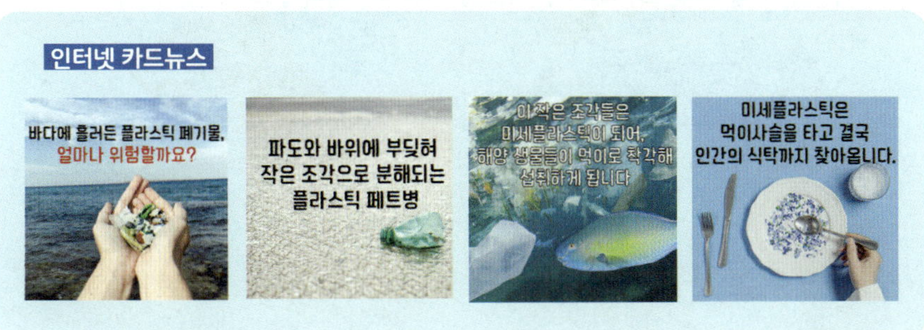

이제 두 매체의 차이를 알았으니 아래 홍보 글을 카드뉴스로 바꿔 보자. 먼저 카드뉴스 제작 계획을 세우고 그 다음 직접 만들어 보자.

홍보 글		카드뉴스 제작 계획
소중한 개인정보를 지킵시다! 인터넷 공간에 자신이 올렸던 정보를 지우고 싶다면 지우개 서비스를 이용해 보세요. 30세 미만이면 신청할 수 있고, 19세 미만일 때 작성한 '개인정보를 포함한 게시물'에 대해 입증 자료를 제시하면 그 게시물이 삭제되도록 하거나 다른 사람이 검색하지 못하게 정부 기관이 도움을 주는 서비스랍니다.	카드1	**이미지**: 인터넷 공간에 올라간 자기의 정보에 괴로워하는 사람의 모습 **문구**: 내가 올린 정보들, 지우고 싶은가요?
	카드2	**이미지**: **문구**:
	카드3	**이미지**: **문구**:
〈신청 절차〉 지우개 누리집 접속→유형 선택→정보 입력→결과 수신	카드4	**이미지**: **문구**:

1. 다음 빈칸에 알맞은 말은?

> 신문 기사는 ________ 위주로 길게 내용을 써서, 읽는 사람이 주제를 깊이 있게 이해할 수 있게 도와주고, 인터넷 카드뉴스는 여러 장의 ________(와)과 짧은 글로 되어 있어서, 중요한 정보만 간단하게 빨리 전달하는 데 집중한다.

2. 배운 걸 적용해서 181쪽의 카드뉴스를 제작해 보자.

카드1	카드2
카드3	카드4

더 알고 싶어 119

📖 도서   ▷ 영상   🔍 사이트

📖 『윤피티의 SNS 콘텐츠 만들기 with 파워포인트』 (윤상림, 한빛미디어, 2018)

파워포인트를 활용해 SNS 콘텐츠를 쉽게 만드는 방법을 알려 주는 책이야. 기본적인 기능부터 고난도의 기능까지 두루 익히며 멋진 SNS 콘텐츠를 만들어 보자.

▷ 카드뉴스 만들기! 디자인이 이렇게 쉬워도 돼? (망고보드·망고툰)

카드뉴스 만들기를 전혀 할 수 없는 사람도 영상만 보면 쉽게 따라 할 수 있도록 안내되어 있으니 두려워 말고 도전해 보자.

비교하고 대조하면
글이 더 설득력 있어져

공통점과 차이점으로 쓰기

비교는 두 대상의 공통점을, 대조는 차이점을 보여줘.
이렇게 하면 두 대상을 균형 있게 보여줄 수도 있고
내가 원하는 방향으로 독자가 해석하게 만들 수도 있어.

학습 키워드 #비교와대조 #의도된글쓰기

교과 연계 초6 〉 국어 〉 적절한 근거를 사용하고 인용의 출처를 밝히며 주장하는 글을 쓴다.
중3 〉 국어 〉 의견 차이가 있는 사안에 대해 자료를 수집하고 사회·문화적 맥락을 고려하며 주장하는 글을 쓴다.

고양이와 개는 많은 가정에서 사랑받는 대표적인 반려동물입니다. 보편적으로 귀여운 외양을 지녔고, 인간과 공존하기에 알맞다는 공통점이 있지만 사람과 관계를 맺는 방식에서 뚜렷한 차이를 보입니다.

고양이는 독립적이고 자율적인 성격을 가진 동물로, 주인의 관심이 필요할 때 다가옵니다. 혼자만의 시간을 즐기며, 집 안의 조용한 구석에서 시간을 보내는 경우가 많습니다. 반면 개는 사회적이고 의존적인 성격을 지닌 동물입니다. 주인의 사랑과 관심을 받기를 원하고, 함께 시간을 보내는 것을 좋아합니다. 그렇기에 주인과 강한 유대감을 형성하고 주인의 지시에 적극적으로 따릅니다.

따라서 사회생활에서 느낀 정서적 결핍을 해소하고 유대감을 얻기 위해 반려동물을 키우고자 결심했다면 고양이보다는 개를 키우는 것이 더 적절할 것입니다.

앞의 글을 보면 반려동물로서의 개와 고양이를 비교하고 대조하면서 두 동물의 공통점과 차이점을 이야기하고 있어. 그리고 마지막에는 '개'가 더 좋다는 자기 생각으로 마무리했지. 그냥 "개가 좋아요"라고 쓸 수도 있지만, 고양이랑 비교·대조를 하면 내가 충분히 고민하고 탐색해서 내린 결정이라는 걸 더 확실하게 보여줄 수 있어.

이렇게 비교와 대조의 방법을 써서 글을 쓰면 내가 원하는 방향으로 독자를 설득해 나갈 수도 있어. 예를 들어 방학 때 가족 여행지를 정하는 상황을 생각해 보자. 나는 캠핑장에 가고 싶은데 부모님은 리조트를 가고 싶어 하셔. 그럴 때 무작정 "캠핑장 가자."고 하는 것보다 캠핑이랑 리조트를 비교하고 차이점을 대조하면서 "그래서 캠핑이 더 좋아."라고 결론을 내면, 부모님도 "오~ 그 말이 맞네" 하고 존중해 주실 거야.

캠핑장이랑 리조트의 특징을 정리할 때 벤 다이어그램을 그려 보는 게 좋아. 두 동그라미가 겹치는 부분엔 공통점을, 따로 떨어진 부분엔 차이점을 적으면 내용이 한눈에 정리돼.

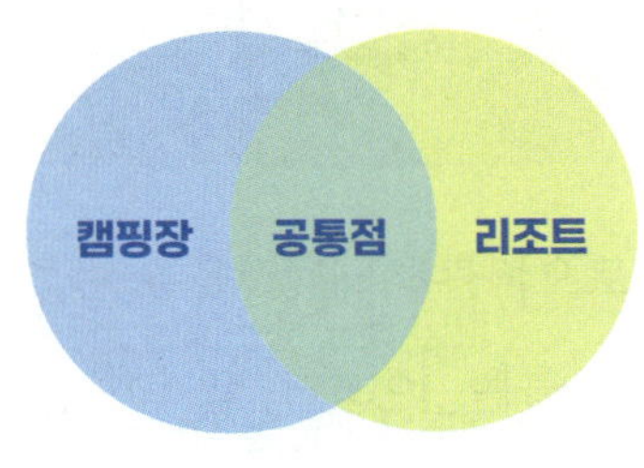

캠핑장에서의 휴가	리조트에서의 휴가
• 휴식을 취하고 스트레스를 해소할 수 있는 좋은 방법이다. • 자연을 즐기고 가족과 함께 시간을 보낼 수 있다.	
• 자연 속에서의 직접적인 경험이 가능하며, 다양한 야외 활동을 즐길 수 있다. • 리조트에 비해 비용이 저렴하다. • 모닥불을 피워놓고 가족끼리 대화를 나누는 시간을 보내기 좋다. • 단점: 장비를 준비하고, 음식을 준비하는 과정이 번거롭고 돌아온 이후에 캠핑 장비를 정리해야 하는 수고로운 과정이 있다.	• 숙박, 식사, 레저가 한 곳에서 해결 가능하며, 편안한 휴식을 취할 수 있다. • 이미 준비된 것들이 대부분이라 별도로 준비할 것이 많지 않다. • 단점: 캠핑장보다 비용이 많이 들며, 리조트 안에만 있어야 해서 단조로울 수 있고 자연을 직접 경험하고 싶으면 외부로 나가야 한다.

1. 다음 빈칸에 알맞은 말은?

> 1) 두 대상의 ________에 초점을 맞춘 '비교'와 ________에 초점을 맞춘 '대조'의
> 방식을 글쓰기에 적절히 활용하면, 두 대상을 균형 있게 보여줄 수 있다.
> 2) 비교와 대조의 방식을 사용하는 글쓰기에서 ____________(을)를 통해 시각
> 적으로 정리하면 글쓴이는 글의 구조를 체계적으로 정리할 수 있다.

2. 비교와 대조의 방법을 활용해 리조트 대신 캠핑장에 가야 한다고 부모님을 설득하는
짧은 글을 써 보자. (내용은 184쪽을 참고할 것.)

더 알고 싶어 119

📖 도서　▷ 영상　🔍 사이트

▷ **영화 〈찰리와 초콜릿 공장〉 (2005)**
욕심 많은 아이들과 순수한 찰리의 모습을 통해 올바른 가치관과 선택의 중요성을 생각
하게 하는 영화야. 설명하는 글을 연습하기 좋아.

▷ **비교와 대조 (EBS 중학프리미엄)**
비교와 대조가 각각 무엇인지 개념을 친절하게 설명하고 이해하기 쉽게 예시를 들어주
고 있어.

여행 안내문을
시간과 공간에 따라 써 볼까?

시간과 공간의 변화에 따라 쓰기

시간과 장소가 바뀌지 않는 여행이 있을까? 아마 없을 거야. 한 곳만 간다고 해도 거기까지 가는 데 시간이 걸리고 장소가 바뀌잖아. 그래서 여행 안내문을 쓸 땐 시간과 장소의 변화를 꼭 생각해야 해. 그래야 읽는 사람이 동선도 잘 이해하고 여행이 눈앞에 그려지거든.

(3부 25일차 '시간과 공간을 따라가면 글이 생생해져' 참고)

학습 키워드　#시간의이동　#공간의이동　#여행지안내문쓰기

교과 연계　초6 〉 국어 〉 알맞은 내용을 선정하여 대상의 특성이 나타나게 설명하는 글을 쓴다.
　　　　　　　중3 〉 국어 〉 복수의 자료를 활용하여 다양한 형식으로 정보를 전달하는 글을 쓴다.

예술을 좋아하는 사람을 위한 일일 투어 안내도

그린 공방(○○역 3번 출구 도보 5분)
천연 원목을 깎아 만든 공예품이 전시되고 있으며, 공예품을 만드는 원데이 클래스가 운영 중이다. 오전 10시부터 운영이 시작되며, 사전 예약 후 이용할 수 있다. 오전 10시부터 1시간 동안 수업이 진행된다.

cafe RAIN(그린 공방에서 도보 7분)
공방 체험을 마치고 브런치를 먹으러 가면 시간이 딱 맞는다. 비를 주제로 한 공예품과 그림이 전시된 카페로 한 달에 한 번씩 주제 전시회가 열린다. 작가들의 작품을 구매할 수 있는 코너가 마련되어 있으며, 운이 좋으면 작가들을 만나 작품에 대한 설명을 들을 기회도 얻을 수 있다. 배도 채우고 공예품과 그림 전시도 보며 쉬었다면, 도보 3분 거리에 있는 초록 아트홀로 이동한다.

초록 아트홀(cafe RAIN에서 도보 3분)
다양한 공연 및 상설 전시가 열리는 초록 아트홀에서는 이달 17일 시립교향악단의 '우리 동네 음악회'가 열린다. 음악회까지 욕심내 보고 싶다면 선착순 무료 예매이므로 초록 아트홀 홈페이지에 들어가 예매에 도전해 보자.

이런 안내문, 지하철역이나 관광 안내 센터에서 본 적 있지? 시간 순서대로 목적지가 바뀌면서 이동하는 안내문은 여행 계획 세우고 이동 경로(동선)를 짜는 데 정말 큰 도움이 돼.

우리가 직접 여행 안내문을 만드는 상황을 생각해 볼까? 무엇부터 해야 할 것 같아? 먼저 여행 안내문을 쓰는 목적부터 정해야 해. 앞선 예시를 보면 '예술을 좋아하는 사람'을 위한 안내도였지? 그냥 특정 지역에 아무 장소나 모두 여행지가 될 수 있는 건 아니야. 유명한 곳이라고 무조건 안내도에 포함해서도 안 돼. 사람들마다 여행의 목적이 다를 수 있기 때문이지. 예를 들어 '○○역 근처 가족 나들이 할 만한 곳', '역사를 좋아하는 중학생을 위한 투어 안내도' 등으로 구체적인 목적이 있는 여행 안내문을 계획하는 거야. 이렇게 하면 여행지를 정하기도 한결 수월해져.

안내문의 목적을 정했다면, 이제 여행지를 정해 보자. '역사를 좋아하는 중학생을 위한 투어 안내도'를 쓰기로 결정했다면, 역사 박물관에서 여행을 시작해서 인근의 독립운동가 생가에 들렀다가 독립 만세 운동을 했던 장소까지 여행지로 포함할 수 있겠지. 여행의 흐름이 자연스럽게 느껴지지? 이제 여행지 간의 이동을 위한 교통수단이나 이동 방법에 대해 안내해 주면 돼. 안내문만 보고 이동해도 헤매지 않도록 친절하고 자세히 안내해 주는 것이 필수야.

이렇게 여행지를 정하고 이동 방법까지 정리했다면 각 여행지를 자세히 설명하면 돼. 각 여행지가 가진 특징, 미리 알고 가면 좋을 것, 주의 사항 등을 안내해 주어야 해. 그래야 내가 만든 여행 안내문을 손에 든 여행자가 만족스러운 여행을 할 수 있도록 도와줄 수 있겠지.

1. 여행지에서 받아온 여행 안내문을 보고 안내문의 기능에 충실하게 만들어졌는지, 시간과 공간의 이동에 따라 여행자의 여행을 도와줄 수 있는 구성으로 작성되었는지 평가해 보자.

2. 지역의 숨은 명소나 직접 가본 여행지를 소개하는 '나만의 개성 넘치는 여행 안내문'을 만들어 보자. 아래 표에 빈칸을 채우면서 시간의 흐름과 장소 이동 순서에 맞춰 여행지가 어디인지, 거기서 뭘 할 수 있는지를 적으면 돼. 이렇게 만든 안내문은 여행자한테 특별한 하루를 선물해 줄 거야.

안내문 제목 :

여행지	여행지 소개
장소1.	

↓

장소2.	

↓

장소3.	

↓

장소4.	

힌트 여행 장소를 고를 땐 시간 흐름이랑 이동 동선을 꼭 고려해서 순서를 정하자.

3. 배운 걸 적용해서 여행 안내문을 써 보자.

안내문 제목 :

 **더 알고 싶어 119**

📖 『**52주 여행, 우리가 몰랐던 강원도 408**』 (김수린·김지영, 책밥, 2023)
1월 첫 주부터 12월 마지막 주까지 매주 시기가 맞는 여행지를 소개하고 있어. 시간과 공간의 이동에 따라 어떻게 이야기를 펼쳐내는지 살펴보며 읽어 볼까?

▶ **바다가 그리운 당신을 위해 완벽한 동해 여행 코스를 소개합니다 | 동해의 숨겨진 명소 '묵호' (EBS 다큐)** 시간과 공간의 이동에 따라 한 지역을 구석구석 살펴보는 재미가 있는 영상이야. 글로 쓰게 된다면 어떤 식으로 전개하면 좋을지도 생각하면서 보면 도움이 될 거야.

🔍 **강원관광-강원도 관광 홍보물** 실제 관광 홍보물을 보면서 어떤 식으로 안내문을 만들고 있는지 참고해 보고, 형식을 모방해서 직접 관광 홍보물을 만들어 여행을 떠나보는 것은 어떨까?

통계 자료를 표나 그래프로 바꾸면 더 믿음직해지지

통계 자료 분석으로 쓰기

숫자만 잔뜩 있는 통계 자료를 보면 어때? 좀 복잡하고 눈에 잘 안 들어오지 않니? 이럴 땐 표나 그래프로 바꾸면 훨씬 보기 쉽고 이해도 빨라져. 이렇게 정리한 자료를 분석하면서 글을 쓰면 읽는 사람이 쉽게 이해할 수 있고 글도 더 믿음직해져.

학습 키워드   #통계자료분석   #표와그래프   #신뢰성

교과 연계   초6 〉 국어 〉 알맞은 내용을 선정하여 대상의 특성이 나타나게 설명하는 글을 쓴다.
중3 〉 국어 〉 복수의 자료를 활용하여 다양한 형식으로 정보를 전달하는 글을 쓴다.

글 쓸 때 딱 좋은 통계 자료를 찾았어. 그런데 조사한 항목이랑 숫자만 쭉 나열돼 있어서, 이게 무슨 뜻인지 바로 안 보이는 거야. 그냥 이대로 글에 넣으면 읽는 사람이 이해하기 어려울 것 같아.

이럴 땐 4부 26일차에서 배운 '표와 그래프를 활용하면 설득력이 높아져' 방법을 떠올리면 돼. 통계 자료를 표나 그래프로 깔끔하게 정리하고 그게 무슨 의미인지 쉽게 설명을 덧붙여 주는 거야. 그러면 보는 사람이 한눈에 이해할 수 있거든. 이렇게 하면 글이 훨씬 눈에 잘 들어오고 읽는 사람의 관심도 확 끌 수 있어.

그럼 지금부터 글쓰기 계획을 세우고 실제로 써 보자. 다음에 제시된 통계 자료의 항목과 수치를 표나 그래프로 만들고 그 결과를 분석하는 과정을 진행해 보는 거야. 어렵게 느껴져? 아마 평소에 관심 있던 내

용을 다루고 있어서 어떤 내용인지 이해하는 데 크게 어렵진 않을 거야.

10대 청소년 미디어 이용 조사 자료(한국언론진흥재단)

(가) 청소년의 인터넷 이용 시간은 하루 평균 약 8시간(479.6분)으로 2019년에 비해 1.8배 증가한 것으로 조사됐다. 한국언론진흥재단(이사장 표완수)이 시행한 〈2022 10대 청소년 미디어 이용 조사〉 결과에 따르면, 특히 초등학생(4~6학년)의 경우 하루 평균 인터넷 이용 시간이 2019년 2시간 40분에서 2022년 5시간 40분으로 중·고등학생에 비해 가장 크게 증가한 것으로 나타났다.

(나) 인터넷 이용 시간 증가는 청소년의 일상에서 온·오프라인 구분이 점점 사라지고 있음을 보여준다. 청소년은 메신저를 수시로 이용하고, 인터넷 강의를 듣고, TV를 보면서도 스마트폰을 이용한다. 또한 대부분의 청소년이 온라인 동영상 플랫폼(97.4%), 인터넷 포털(97.3%), 메신저 서비스(95.8%)를 이용하는 것으로 나타났다. 2019년 대비 온라인 동영상 플랫폼과 메신저 서비스 이용률이 크게 상승했는데, 특히 온라인 동영상 플랫폼 이용률은 2019년 대비 10%포인트가 올라 플랫폼·서비스 이용률 1위를 차지했다.

(다) 청소년이 가장 많이 이용하는 동영상 플랫폼은 유튜브(97.3%) 다음으로 유튜브 쇼츠(68.9%)와 인스타그램 릴스(47.6%), 틱톡(39.6%)으로, 이용률 2~4위가 모두 숏폼 콘텐츠 플랫폼이었다. 가장 많이 이용하는 SNS는 인스타그램(81.6%)인 것으로 조사됐으며 2위는 페이스북(46.1%)이었다. 2019년 이용률 1위 SNS가 페이스북(80.3%), 2위 인스타그램(61.0%)이었던 것에 비해 완전히 뒤바뀐 결과다.

(라) 한편 청소년들은 뉴스를 더 다양한 플랫폼을 통해, 더 짧게 이용하는 것으로 나타났다. 2019년과 비교하면, 언론사 홈페이지를 제외하고 모든 미디어와 플랫폼에서 뉴스 이용률이 높아졌다. 그러나 전체 응답자의 하루 평균 뉴스 이용 시간은 2019년 60.4분에서 2022년 49.8분으로 감소했다.

1. 앞의 지문을 읽고, 활용해서 쓰고 싶은 자료를 택해 글쓰기 계획을 세운 뒤 글을 써 보자.

(가)~(라) 중 글쓰기에 활용하기 위해 선택한 자료:

표나 그래프 중 무엇으로 표현할 계획인가?:

선택 이유:

청소년의 슬기로운 미디어 생활

표 또는 그래프

분석 내용

더 알고 싶어 119

▷ **제20회 전국학생통계활용대회 고등부 금상 수상작 (대한민국 국가데이터처)**
통계를 활용하여 자기의 생각을 드러내는 방법이 궁금하다면, 통계를 활용해 발표한 친구들의 영상을 참고해 보는 건 어때? 방향을 잡는 데 도움이 될 거야.

🔍 **SDC통계데이터센터 - 통계 데이터 활용 대회**
국가데이터처가 보유한 다양한 주제별 고품질 데이터를 폭넓게 활용하여 경제·사회 현상 분석 및 정책 제안, 창업아이디어 등을 제안하는 대회로 통계 데이터에 대한 분석 능력이 남다르다면 도전해 볼 만한 대회야.

근거를 들어 부모님을 설득해 볼까?

타당한 근거로 설득하는 글쓰기

충분한 근거를 제시해서 글을 써야 다른 사람의 마음을 움직일 수 있어.

나무가 뿌리 없이 서 있을 수 없듯이 주장도 근거가 없으면 금방 흔들려.

오늘은 내가 하고 싶은 말을 근거로 뒷받침해서, 부모님을 설득하는 방법을 배워 보자.

학습 키워드　#타당한근거　#설득력있는주장　#주장하는글쓰기

교과 연계　초6 〉 국어 〉 적절한 근거를 사용하고 인용의 출처를 밝히며 주장하는 글을 쓴다.
중1 〉 국어 〉 주장을 뒷받침할 수 있는 타당한 근거를 들고 적절한 표현을 사용하여 주장하는 글을 쓴다.

3부 29일차 '주장을 뒷받침하는 근거, 어떻게 써야 할까?' 참고 

학교 급식을 개선해야 한다.	
주장1	주장2
학교 급식의 질을 개선해야 합니다. 첫째, 학생들의 영양 상태가 학교 급식에 크게 영향을 받기 때문입니다. 연구에 따르면, 균형 잡힌 식단을 제공받는 학생들은 학업 성취도가 더 높고 결석률도 낮다고 합니다. 둘째, 학생들의 만족도가 급식의 질에 따라 달라집니다. 최근에 우리 학교가 실시한 설문조사 결과, 전체 학생의 70%가 현재 급식의 맛과 질에 불만을 표시했습니다. 학생들이 급식을 통해 충분한 영양을 섭취하고, 건강하게 학교생활을 할 수 있도록 급식의 질을 향상해야 합니다.	학교 급식의 질을 개선해야 합니다. 지금의 급식은 맛도 없고, 급식의 질도 좋지 않습니다. 영양의 균형에도 신경을 쓰지 않습니다. 급식실에서 밥을 먹다 보면 여기저기서 급식의 맛에 대한 불만이 들려옵니다. 이렇게 많은 학생이 급식에 만족하지 않으므로 급식의 질을 개선할 필요가 있습니다. 더 맛있고 영양가 있는 급식이 제공된다면 학생들이 더 좋아할 것입니다. 그러면 잔반의 발생도 줄어들 것입니다. 그러므로 급식의 질을 꼭 높여야 한다고 생각합니다.

'학교 급식을 개선해야 한다'는 주장을 설득력 있는 근거를 바탕으로 뒷받침하는 글은 1번과 2번 중 무엇이라고 생각해? 아마 어렵지 않게 1번을 골랐을 거야. 왜냐면 1번은 연구 결과나 설문조사처럼 믿을 만한 객관적인 자료를 근거로 들었기 때문이지. 하지만 2번은 자기 생각이나 경험에만 기대어 얘기해서 설득력이 좀 약해 보여.

주장을 뒷받침하려면 구체적인 숫자나 여러 곳에서 조사한 자료, 전문가나 공신력 있는 기관이 발표한 내용 같은 게 필요해. 근데 이런 자료를 그냥 줄줄 나열하면 안 되고, 글의 주제랑 연결해서 "그래서 내가 하는 말이 맞다"는 걸 보여줘야 해.

그리고 혹시 누가 반대할 만한 이유도 미리 생각해 보고 그걸 반박할 근거까지 준비하면 더 설득력이 커져. 2부 19일차 '설득하는 글, 논리는 어떻게 세워야 할까?'와 3부 29일차 '주장을 뒷받침하는 근거, 어떻게 써야 할까?'에서 배운 거 기억나지? 이번에는 그 내용들을 참고해서 직접 써 보는 거야.

부모님께 나의 주장을 이야기하는 게 쉬운 일은 아니지? 부모님들은 항상 나보다 더 논리적으로 말씀하시는 것만 같아. 이럴 때 부모님의 마음을 움직일 만한 설득력 있는 근거를 바탕으로 내 생각을 말해 보자. 스마트폰 사용 시간 제한에 대해 부모님께 나의 주장을 전하는 글을 써 보는 건 어때? 시작해 볼까?

1. '스마트폰 사용 시간 제한 없이 자유롭게 쓸 수 있게 해 주세요.'라는 주제로 글을 써 보자. 부모님은 스마트폰이 청소년한테 나쁜 영향을 준다고 생각해서 시간을 제한하실 거야. 그러니까 우리는 스마트폰이 청소년한테 좋은 영향을 준다는 걸 보여주는 자료를 찾아서 설득해야 해.

주장: 스마트폰 사용 시간 제한 없이 자유롭게 쓸 수 있게 해 주세요.	
예상 독자: 스마트폰 사용이 청소년에게 부정적 영향을 미친다고 생각하여 사용 시간을 제한하시는 부모님	
근거1	
근거2	
근거3	

2. 타당한 근거를 들어서 부모님을 설득하는 글을 써 보자.

더 알고 싶어 119

[도서] 영상 사이트

『**초등 메타인지, 글쓰기로 키워라**』(김민아, 카시오페아, 2021)
단계적으로 글쓰기에 접근하는 전략을 알려 주는 책으로 다양한 글쓰기를 연습해 볼 수 있어. 그 가운데 주장하는 글을 어떻게 써야 하는지도 익힐 수 있어.

설득력 높은 글을 완성하는 글쓰기의 돌직구와 변화구 (EBS 교양)
설득력 높은 글이 읽는이의 마음을 움직이기 위해 어떤 특징을 더 갖춰야 하는지 설명하는 영상이야. 더 높은 설득력을 가질 수 있는 방법을 알아볼까?

내 경험 속에서 찾은 깨달음을 글로 써 보자

평범한 일상 속 숨은 보물 찾기

직접 겪은 이야기를 글로 쓰면 그 안에서 '나만의 진짜 이야기'가 살아나.
내가 주인공이라는 걸 기억하면, 내 주변에서 일어나는 일에도 의미와 가치를 줄 수 있어.
어렵지 않아. 내가 겪은 일을 기록하고, 그 안에서 나만의 의미를 찾아내면 되거든.

학습 키워드　#경험의기록 #수필 #일상의기록
교과 연계　초6 〉국어 〉체험한 일에 대한 감상을 나타내는 글을 쓴다.
　　　　　　　중1 〉국어 〉자신의 삶과 경험을 바탕으로 정서를 진솔하게 표현하는 글을 쓴다.

일상에서의 경험이 특별해지는 건, 엄청나고 대단한 일을 했기 때문이 아니야. 누구나 겪을 수 있는 평범한 순간에서, 나만 찾을 수 있는 특별한 의미를 꺼냈기 때문이야. 내가 주인공이라서 가능한 거지. 그냥 지나칠 수 있는 순간 속에서도 작은 특별함과 가치를 발견하는 것, 그게 바로 일상의 경험이 지닌 힘이야. 그래서 일상에서 퍼올린 특별함에는 다른 사람들도 더 공감하게 돼. 자기 경험 속에서도 그런 가치를 찾는 간접 경험을 하게 되거든. 다음 글을 볼까?

여행으로 인해 일주일 넘게 집을 비웠다가 돌아온 날, 걱정을 한가득 안고 현관문을 열었습니다. 집을 비운 기간, 너무 더웠기에 베란다에 있는 화분들이 잘 있을지 걱정되었기 때문입니다. 물 줄 사람도 없이 더위를 온전히 견뎌야 했던 베란다의 화초들은 시들시들 힘없이 축 처져 있었습니다. 물을 줘도 다시 살아나기 어려워 보이는 화초도 있었습니다. 부모님과 독립하여 혼자 살기 시작할 때 베란다를 초록빛으로 채우고 싶은 마음에 화분들을 채워 넣을 때 엄마가 만류하셨던 것이 기억났습니다.

"책임지지 못할 것 같으면 애초에 시작하지 않는 게 좋아. 화초도 생명이 있는 건데, 너 보기 좋자고 너무 많이 사는 것이 걱정되는구나."

죽어가는 화초 앞에서 저는 부끄러움에 얼굴이 뜨거워졌습니다. 예쁜 모습만 보겠다는 생각에 생명이 있는 것에 대한 책임을 다할 생각을 하지 못했음을 깨달았거든요. 이제는 더 이상 화초를 사지 않습니다. 대신 다시 일어서서 자라나는 화초들이 보여주는 싱그러움에 감사하며 정성스레 키우고 있습니다. 그게 생명이 있는 것들에 대한 책임감 있는 행동이라고 생각합니다.

화초를 키우다 죽게 만든 경험, 한 번쯤은 해봤다고 하는 사람들이 많을 거야. 그런데 그 경험 속에서 내가 느낀 부끄러움, 엄마와의 대화 등을 솔직하게 담아냄으로써 비슷한 경험을 했던 사람들의 마음 한켠에 자리 잡았던 감정이 살아나. '아, 맞아. 생명이 있는 화초를 키우면서 책임감을 충분히 다하지 않았구나.' 하는 생각을 하며 죄책감도 느끼고 후회스러운 마음도 갖게 되는 거야. 여기에서 그냥 그치지 않고 '책임감'이라는 가치도 찾게 되겠지. 글쓴이의 이야기를 통해 간접 경험을 하며 화초를 정성껏 키우는 자세에 대해서도 생각하게 될 거야.

누구나 공감할 수 있는 나의 경험에서 '나만의 의미'를 발견해 쓰게 되면, 나의 경험은 그냥 스쳐가는 기억이 아니라 가치 있는 깨달음이 되어 다른 사람들에게도 감동과 배움을 주는 거지.

나에게도 특별히 기억나는 일상의 경험이 있는지 돌아볼까? 그 경험을 통해 가치 있는 이야기를 나눠 볼 수 있을지도 몰라.

1. 내가 겪은 일 속에도 꼭 숨겨진 보물이 있어. 그건 바로 '가치 있는 깨달음'이야. 그 깨달음을 꺼내서 글로 적어 보자. 아래 순서를 따라 같이 써 보자.

어떤 경험을 글로 쓸지 정하기

↓

경험으로부터 얻은 교훈이나 깨달음 생각하기

↓

경험과 깨달음을 연결 짓기 (강조하고 싶은 메시지 생각하기)

2. 내가 겪은 일에 담긴 깨달음을 다른 사람에게 전하는 글쓰기를 해 보자.

힌트 어렵게 생각하지 않아도 돼. 앞의 표에 적은 내용들을 자연스럽게 이어 붙이면 한 편의 글이 완성될 거야!

 **더 알고 싶어 119**

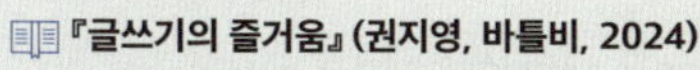 📖 도서　▷ 영상　🔍 사이트

📖 『글쓰기의 즐거움』 (권지영, 바틀비, 2024)
　　다양한 삶을 사는 평범한 보통 사람들이 만난 '쓰기의 즐거움'을 소개하는 책이야. 읽다 보
　　면 나의 경험도 글쓰기의 소중한 재료가 될 수 있음을 알게 될 거야.

▷ 글쓰기 수업 #02 | 경험을 글로 써 보자 (고정욱 TV)
　　일상에서의 경험 중 어떤 것들이 글감이 될 수 있는지 설명하며, 의미 있는 경험을 어떻게
　　글로 엮어 내면 좋을지를 고정욱 작가님이 직접 설명해 주는 영상이야.

예상 독자 수준에 맞춰 전단지 내용을 어떻게 바꿀까?

독자가 알아들을 수 있게 쓰기

아무리 좋은 이야기를 해도 읽는 사람이 이해하지 못하면 아무 소용이 없어.
글을 쓸 때는 '이걸 읽을 사람이 누구일까?'를 먼저 생각해야 해. 그 사람이 알아들을 수 있는 말로
이해할 수 있는 수준에 맞춰 써야 글이 잘 전달되고 읽는 사람 마음에도 쏙 들어오거든.

학습 키워드 #예상독자 #사용설명서 #설명서쓰기
교과 연계 초6 〉 국어 〉 독자와 매체를 고려하여 내용을 생성하고 표현하며 글을 쓴다.
중2 〉 국어 〉 쓰기 과정과 전략을 점검·조정하며 글을 쓰고, 독자를 고려하여 글을 고쳐 쓴다.

유치원생들에게 '지구 온난화'에 대해 알려 주고 싶다고 해 보자. 그리고 여름에 조금 덥더라도 실내 온도를 1~2도만 높이자고 말하려고 해. 아래의 두 이야기 중 어떤 이야기가 유치원생들의 마음을 움직일까?

이야기 1

온실가스는 지구 대기를 오염시켜 온실 효과를 일으키는 가스를 통틀어 이르는 말이에요. 이산화탄소나 메탄 따위의 가스가 온실가스에 해당하지요. 이 때문에 빙하가 녹으면 해수면이 상승해 저지대는 침수되고 맙니다. 또한 전 세계적으로 갑작스러운 가뭄, 한파 등의 이상 기후가 생기는 원인을 제공하기도 하죠. 전기 사용량이 증가하는 시기에는 온실가스 배출량도 함께 늘게 되는데요, 여름철 에어컨 사용을 줄이는 것만으로도 온실가스 배출을 줄일 수 있답니다. 조금 덥더라도 에어컨 온도를 1도만 높여 볼까요?

이야기 2가 유치원생 마음을 더 움직일 거라는 건 쉽게 알 수 있지? 이야기 1은 유치원생들한테 너무 어려워서, 무슨 말을 하는지조차 잘 모를 수 있어. 그럼 마음을 움직이기 전에 이미 이해가 안 돼서 이야기에 집중을 하지 못할 거야. 그래서 글을 쓸 땐 꼭 독자의 수준에 맞춰야 해. 그래야 내가 하고 싶은 말을 제대로 전할 수 있거든.

2부에서 글을 쓸 때는 독자를 고려해야 한다는 얘기를 했었는데, 이번에는 그중에서도 '예상 독자의 수준'을 맞춰서 글을 써 볼 거야. 차근차근 같이 해 보자.

어느 날 할아버지가 전단지를 들고 오셔서 말씀하셨어. "초록아, 내가 자주 가는 가게가 무인 결제 시스템으로 바뀐다면서 이런 전단지를 줬는데, 무슨 말인지 하나도 모르겠구나." 할아버지는 QR코드가 뭔지도 잘 모르셔. 그래서 우리는 할아버지가 쉽게 이해할 수 있도록 전단지 내용을 고쳐 써 보려고 해. 그리고 완성된 전단지를 가게에 가져다 드릴 거야. 자, 이제 할아버지가 바로 이해할 수 있게 바꿔 써 보자.

1. 예상 독자인 할아버지가 쉽게 이해할 수 있게 전단지의 내용을 쉽게 고쳐 써 보자.

힌트 아래 정리한 예상 독자(할아버지)에 대한 분석 내용과 글쓰기 전략이 충실하게 반영되도록 바꿔 볼까?

예상 독자 분석 (할아버지)	스마트폰이 있긴 하지만 QR코드가 무엇인지, 어떻게 사용해야 하는 것인지 잘 모르시는 상태이며, 스마트폰 앱으로 결제를 해본 적이 없으신 상태이다.
글쓰기 전략	예상 독자가 모르고 있는 개념을 설명한다. 스마트폰으로 결제 시 거치게 되는 단계에 맞게 결제를 원활히 실행할 수 있도록 단계를 나누어 설명한다.

다음 달부터 가게의 결제 시스템을 QR코드 결제로 전환합니다.

- 그린 식품 -

더 알고 싶어 119

📑 도서　▷ 영상　🔍 사이트

📑 『**이 장면, 나만 불편한가요?**』 (태지원, 자음과모음, 2021)
　일상에서 사용하는 차별과 혐오의 언어가 갖는 문제점을 청소년 독자의 수준에서 쉽게 풀어낸 책이야. 이를 통해 독자의 수준과 흥미를 고려하는 글쓰기의 중요성을 알 수 있어.

▷ **독자의 반응을 일으키는 글쓰기 방법 | 송숙희 작가 (소확성)**
　독자가 글을 끝까지 읽게 하는 것은 쉬운 일이 아니야. 독자를 끝까지 붙들 수 있는 매력적인 글쓰기의 비법을 알려 줄게.

해결책을 말하기 전에
문제를 먼저 제시하자

문제 공유하기

아무리 좋은 해결책이라도 사람들이 "그게 왜 문제야?"라고 느끼면 문제 해결엔 관심도 갖지 않아. 그래서 글을 쓸 땐 무엇이 문제인지 먼저 분명하게 보여주고 그다음 어떻게 고칠지 차근차근 알려 주는 게 좋아. 그러면 독자도 "아, 이건 진짜 고쳐야겠다!" 하고 마음이 움직이거든.

학습 키워드 #문제해결적글쓰기 #논리적글쓰기 #문제의식공유
교과 연계 중3 〉 국어 〉 의견 차이가 있는 사안에 대해 자료를 수집하고 사회·문화적 맥락을 고려하며 주장하는 글을 쓴다.

우리가 살다 보면 이런저런 문제를 마주하게 돼. 그런데 내가 겪은 문제를 다른 사람은 별로 심각한 문제라고 생각하지 않을 수도 있어. 나는 "이건 정말 심각해!"라고 생각해도 다른 사람은 "그게 왜?"라고 할 수도 있지. 만약 글쓴이인 내가 어떤 걸 문제라고 느끼고 꼭 해결해야 한다고 생각한다면 먼저 왜 이게 문제인지 독자가 알게 해줘야 해. 그래야 "아, 이건 진짜 해결해야겠다"고 문제 의식을 느끼게 되거든. 그래야 내 이야기에 귀 기울이게 돼. 다음 글을 볼까?

학교, 학원 등의 일정에 쫓기는 청소년들은 건강에 좋은 음식을 챙겨 먹기 어렵습니다. 건강에 좋지 않은 것은 알지만, 빠르게 허기를 때울 수 있는 간식을 사 먹는 경우가 점점 많아지고 있어요. 이런 식습관이 쌓이게 되면 청소년의 건강

과 성장에 악영향을 줄 수 있습니다. 당분과 지방이 많은 간식들은 피로감을 높이고, 집중력 저하를 불러오죠.

그러면 어떻게 해야 청소년들이 건강에 좋은 음식을 챙겨 먹을 수 있을까요? 첫째, 과일이나 견과류와 같이 건강한 간식을 먹는 겁니다. 바나나, 사과, 아몬드 등은 비교적 간단하게 먹을 수 있는 간식이면서, 우리 몸에 필요한 에너지를 공급해 줍니다. 둘째, 간단한 음식을 만들어 먹는 것입니다. 처음엔 번거로울 수 있지만 채소를 씻어 과일이나 요거트와 섞어 먹는 것은 비교적 간단하면서도 건강을 챙길 수 있는 방법입니다. 셋째, 몸에 좋은 간식을 한꺼번에 소분하여 준비해 두는 겁니다. 말린 과일이나 견과류 등을 통에 나누어 담아두고, 당근과 같은 채소를 잘라서 같이 넣어둡니다. 3~4일치 정도 담아두고 하나씩 들고 다니면 건강한 간식을 챙겨 먹을 수 있습니다.

당장 편하게 먹을 수 있는 간식 대신 건강한 간식을 먹는 건 좀 귀찮을 수 있어. 그래서 독자도 "그냥 편한 거 먹을래" 하고 싶을 수 있지.

근데 글을 시작할 때, 빨리 배를 채울 수 있지만 건강하지 않은 간식을 먹었을 때 어떤 문제가 생기는지 먼저 보여주면 이야기가 달라져. 독자는 "아, 이거 진짜 문제네" 하고 느끼게 되고 그러면 내가 제시하는 해결 방법에도 더 관심을 가지게 돼.

여러분도 글을 쓸 때 먼저 문제를 딱! 제시해서 독자의 관심을 끌어낸 다음에 그걸 어떻게 해결할지 알려 주는 방식으로 글을 써 보는 건 어때?

1. 아래 주제 중에서 여러분이 가장 문제가 크다고 생각하는 걸 골라서 글을 써 보자.

□ 청소년 비만 문제와 해결 방안
□ 학교 폭력 문제와 해결 방안
□ 청소년의 스마트폰 중독 문제와 해결 방안
□ 청소년의 학업 스트레스 문제와 해결 방안
□ 청소년의 수면 부족 문제와 해결 방안   (선택 후 □에 체크)

내가 선택한 주제가 문제라고 생각하는 이유

내가 생각하는 해결 방안

1.

2.

3.

4.

2. 문제 제기 및 해결 방안 제시가 명확하게 드러나도록 글을 써 보자.

힌트 내가 선택한 주제가 문제라고 생각한 이유를 글의 앞부분에 밝히며 문제 제기로 시작해 봐. 문제를 제기한 뒤 내가 생각한 해결 방안을 차근차근 정리하면 한 편의 글이 완성될 거야!

👍 더 알고 싶어 119

📖 도서 ▶ 영상 🔍 사이트

📖 『가짜뉴스, 무엇이 문제일까?』 (이재국, 동아엠앤비, 2024)
가짜뉴스 문제를 어떻게 해결할 것인지 알려 주고 있어서 책의 내용 전체가 하나의 큰 문제 해결 방식을 보여. 가짜뉴스 문제도 짚어 가면서, 문제 해결 방식의 글쓰기도 살펴볼 수 있는 책이야.

▶ 중학교 3학년 국어_문제 해결 과정으로서의 쓰기 (응용교육측정평가연구소)
문제 해결 과정으로서의 쓰기 개념을 설명하면서 글쓰기의 단계별로 부딪힐 수 있는 문제 상황을 어떻게 해결하면 좋을지 안내하고 있어.

문제를 분석하고 합리적으로 풀어내는 나! 어떤 직업이 잘 맞을까?

관련 직업

경영 및 컨설팅 분야: 경영 전략을 세우고 문제가 생겼을 때 해결하려면 고객이 원하는 것, 시장이 어떻게 변하는지, 경쟁사는 어떤 전략을 쓰는지, 기업의 목표는 무엇인지 등 여러 가지를 분석해야 해. 그리고 이 정보를 바탕으로 똑똑한 해결책을 찾아야 하지.

> **이런 일을 하는 직업:** CEO, 사업 기획자, 전략 컨설턴트, 경영 컨설턴트 등
>
> **관련 학과:** 경영학과, 경제학과, 산업공학과, 경영정보학과, 회계학과 등

마케팅 및 광고 분야: 기업이나 브랜드가 상품을 더 많은 사람에게 알리고 팔려면 소비자가 어떤 걸 좋아하는지, 어떤 걸 필요로 하는지, 분석하는 게 중요해. 그래서 최신 트렌드나 산업 전망을 조사하고 데이터를 분석해서 효과적인 마케팅 전략이나 광고 전략을 세우는 일을 해야 해.

> **이런 일을 하는 직업:** 카피라이터, 마케팅 전략 기획자, 브랜드 매니저, 디지털 마케터 등
>
> **관련 학과:** 광고홍보학과, 마케팅학과, 경영학과, 언론정보학과, 디지털콘텐츠학과 등

정책 기획 분야: 정책을 만들 때는 어떤 목표를 이룰지 먼저 정하고, 그 목표를 달성할 방법을 고민해야 해. 그 과정에서 예산은 얼마나 드는지, 실제로 실행할 수 있는지, 그리고 정책에 영향을 받는 사람들의 의견도 고려해야 하지.

> **이런 일을 하는 직업:** 정책 기획관, 사업 기획자, 공공기관 전문가 등
>
> **관련 학과:** 행정학과, 공공정책학과, 정책학과, 공공관리학과 등

이 직업이 궁금해: 디지털 마케터

디지털 마케터는 온라인 채널과 디지털 기술을 활용해서 기업이나 조직의 제품과 서비스를 효과적으로 홍보하는 전문가야! 예를 들어 출판사에서 새로운 책이 나오면 많은 사람이 관심을 갖도록 유튜브나 인스타그램에 홍보 콘텐츠를 올리거나 온라인 광고를 만들지. 목표는 단순히 홍보하는 게 아니라 사람들이 실제로 책을 사도록 만드는 거야. 그래서 책의 특징과 독자들의 관심을 분석하고 효과적인 마케팅 전략을 세우는 게 중요해. 우리가 검색했던 물건이 인스타그램 피드에 뜨는 걸 보고 놀란 적이 있지? 이게 바로 디지털 마케팅 전략 덕분이야. 요즘은 컴퓨터, 스마트폰 같은 디지털 기기를 많이 사용하니까 디지털 마케팅의 중요성도 계속 커지고 있어. 그래서 디지털 마케터의 역할도 점점 더 중요해지고 관련 직업도 많아질 거야.

디지털 마케터가 되려면 어떤 학과에 가야 하지?

경영학과, 광고홍보학과, 디지털콘텐츠학과, 미디어커뮤니케이션학과, 디지털·IT 관련 학과, 컴퓨터공학과, 정보통신공학과, 산업공학과, 데이터사이언스학과, 융합학과, 디지털마케팅학과, 미디어경영학과, 빅데이터경영학과, 창의융합학부, 통계학과, 심리학과, 콘텐츠기획학과, 소셜미디어학과

마케팅경영학과

어떤 학과일까? 소비자들이 어떤 상품을 좋아하는지, 시장에서 잘 팔릴 상품은 무엇인지 연구하고 효과적인 판매 전략을 세우는 법을 배우는 학과야. 이 학과에서는 마케팅과 소비자 행동에 대한 전문 지식을 활용해서 상품의 시장성, 소비자의 취향, 잠재적인 구매 고객을 조사하는 방법을 배워. 그리고 상품이 더 많이 팔릴 수 있도록 전략을 세우고 실행하는 유능한 마케터를 키우는 게 목표야.

어떤 학생에게 잘 맞을까? 조직에서 팀워크를 이루어 목표를 세우고 성과를 높이는 것에 관심이 있는 학생, 경영 활동을 분석하는 것에 흥미가 있는 학생에게 적합해.

주로 배우는 과목은? 마케팅원론, 경영학원론, 마케팅관리, 마케팅 조사, 유통 관리 등

더 알고 싶어 119

📖 『**마케팅 좀 아는 사람**』(김종영, 씽크스마트, 2021) 마케팅에 대한 궁금증들을 해결해 줄 수 있는 책으로 초보 마케터에게 유용한 정보들이 가득해.

▶ **영화 〈수상한 가족〉** 은밀한 마케팅 기법으로 제품을 홍보하는 가족 이야기를 다루었어.

5부

완성도를 높이는
마지막 한 걸음,
고쳐쓰기

다 쓴 글,
왜 다시 고쳐 써야 할까?

꼭 필요한 고쳐쓰기

"모든 초고는 쓰레기다." 이 말은 『노인과 바다』를 쓴 유명한 작가 헤밍웨이가 한 말이야.
처음부터 완벽한 글을 쓰는 건 어른 작가들도 어려운 일이거든.
고쳐쓰기를 하면 처음 쓴 글보다 훨씬 더 좋아질 수 있어.

학습 키워드　#고쳐쓰기 #퇴고 #고쳐쓰기의원리

교과 연계　초6 〉 국어 〉 쓰기 과정을 점검·조정하며 글을 쓰고, 글 전체를 대상으로 통일성 있게 고쳐 쓴다.
　　　　　　중3 〉 국어 〉 쓰기 과정과 전략을 점검·조정하며 글을 쓰고, 독자를 고려하여 글을 고쳐 쓴다.

헤밍웨이라는 유명한 작가가 "모든 초고는 쓰레기다"라는 말을 했어. 이 말을 보면 알 수 있듯이 아무리 공들여 글을 썼다고 해도 처음부터 완벽하게 쓰는 건 정말 어려운 일이야. 그래서 꼭 다시 읽으면서 고쳐 쓰는 과정이 필요하지.

글을 한 번 쓰고 끝내는 게 아니라 부족한 부분이 없는지 다시 읽어 보고 고치는 거야. 혼자 보기 위해 글을 쓴 게 아니라 누군가 읽어 주길 바라면서 쓴 거라면 반드시 한 번쯤은 '이 글을 읽을 사람' 입장에서 다시 읽어 봐야 해.

고쳐 쓰는 이유는 글의 주제나 목적이 더 잘 드러나게 하기 위해서야. "나는 처음부터 잘 썼어!"라고 생각할 수 있지만 그건 내가 내 머릿속 생각을 알고 있기 때문일 수 있어. 그래서 나한텐 잘 쓴 글이어도 다른 사람은 무슨 말인지 잘 모를 수 있는 거야. 글을 쓸 때 나만의 생각을 쉽게 풀어내는 게 중요하잖아? "이 정도면 충분히 쉬운 말로 썼어!"라고 생각할 수도 있지만, 독자 입장에서는 여전히 어려울 수 있어. 그래서 글을 다 쓴 다음에는 꼭! 다시 한 번 읽어 보면서 이해 안 되는 부분은 없는지, 설명이 부족한 건 없는지 살펴봐야 해.

자, 그럼 지금부터 예시를 하나 볼게. 다음은 초등학생을 대상으로 쓴 글이야. 제목은 '배운 내용을 정리하는 효과적인 방법'이야. 아래 내용을 읽으면서 과연 고쳐 써야 할 부분이 있는지 함께 생각해 보자.

> 배운 내용을 효과적으로 정리하는 방법을 습득하면 지식이 장기 기억으로 전환될 수 있도록 도울 수 있습니다. 수동적 학습자가 아닌 능동적 학습자가 되려면 스스로 배운 내용을 정리하는 과정이 필요하죠. 정리의 과정에서 여러분의 메타인지적 사고도 촉진되어 학습 효율을 높여 주게 됩니다. (…)

이 글을 보면 알 수 있듯이 '장기 기억', '수동적 학습자', '능동적 학습자', '메타인지적 사고' 같은 어려운 말이 나와. 이런 말들은 초등학생이 이해하기에는 좀 어렵지. 글쓴이는 평소에 이런 단어를 자주 써서 어렵지 않다고 생각했을 수도 있어. 하지만 초등학생을 대상으로 글을 쓸 때, 이렇게 어려운 단어들을 그냥 쓰면 안 돼.

몇 줄 읽지도 않았는데 모르는 말이 계속 나오면 누가 끝까지 참고 읽고 싶을까? 결국 중요한 내용이 있어도, 독자가 그걸 제대로 이해하지 못하게 되는 거야.

여러분이 글을 고쳐 보기로 마음먹고 독자의 입장에서 글을 읽어 보기 시작하면 글을 쓸 때는 몰랐던 것들이 하나씩 보이기 시작할 거야. 설명이 부족해서 이해하기 어려운 부분이 있다든지, 꼭 써야 할 정보가 빠져 있어서 내용이 이상하게 느껴진다든지 하는 거지. 이런 부분은 내용을 더 써서 보충하면 돼.

반대로 비슷한 말이 자꾸 반복되거나 글 전체 흐름과 어울리지 않는 문장이 있다면 아깝더라도 과감하게 빼는 게 좋아. 또 단어나 문장이 어색하게 이어지거나 맞춤법이 틀린 곳이 있다면 고쳐야 하고, 문단의 순서가 이상한 경우에는 순서를 바꿔서 더 자연스럽게 만들어야 해. 이렇게 고쳐쓰기를 하면 글이 훨씬 더 매끄럽고 멋지게 바뀔 수 있어.

처음에 쓴 글을 다시 고치는 게 귀찮을 수도 있어. 하지만 한 번이라도 다시 읽고 고친 글은, 처음보다 훨씬 읽기 좋은 글이 될 거야. 결국엔 여러분도 "이 글, 진짜 잘 썼다!" 하고 뿌듯해 할 수 있는 그런 글 말이야. 고쳐쓰기를 잘하려면, 순서를 정해서 차근차근 하는 것도 도움이 돼. 그 방법은 다음과 같아!

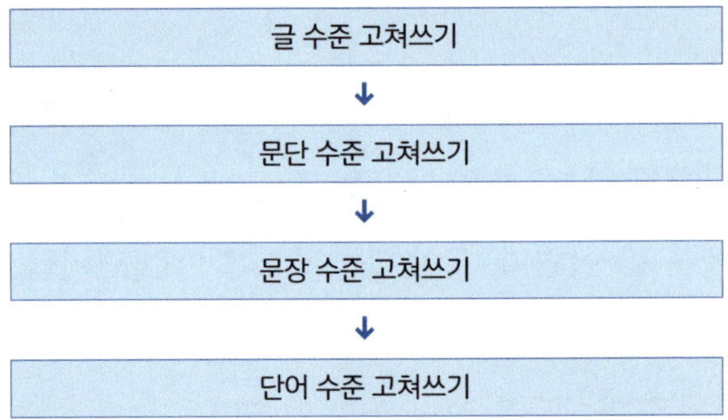

글을 고쳐 쓸 땐, 글 전체를 먼저 보고 그 다음 문단, 문장, 마지막엔 단어까지 하나씩 살펴보는 게 좋아. 이렇게 큰 부분에서 작은 부분으로 점점 좁혀 가는 거야. 각 단계마다 뭘 어떻게 살펴보면 좋을지, 다음 장에서 하나씩 알려 줄게.

1. 다음 빈칸에 알맞은 말은?

> 글을 고쳐 쓰는 이유는 글의 __________(이)나 __________(이)가 더 잘 드러나
> 게 하기 위함이다.

2. 고쳐쓰기의 일반적인 순서에 따라 빈칸을 채워 보자.

> ________수준 고쳐쓰기 ➡ ________수준 고쳐쓰기 ➡ ________수준 고쳐쓰기
> ➡ ________수준 고쳐쓰기

3. 위 글을 이해한 것으로 적절하지 않은 것은?

① 전체 흐름과 어울리지 않는 문장이 있다면 맨 뒤로 옮겨야 한다.
② 문단의 순서가 이상하다면 순서를 바꿔 자연스럽게 만들어야 한다.
③ 독자 수준에 안 맞는 어려운 단어는 독자의 수준에서 바꿔 써야 한다.
④ 단어나 문장이 어색하거나 맞춤법이 틀린 곳이 있다면 고쳐 써야 한다.
⑤ 설명이 부족해서 이해하기 어려운 부분이 있다면 내용을 보충해야 한다.

4. 글을 고쳐 쓰는 과정에서 자신의 글이 아닌 독자의 입장에서 읽어 보는 것이 중요한 이
유는 무엇일까?

더 알고 싶어 119

📖 도서　▷ 영상　🔍 사이트

📖 『내 문장이 그렇게 이상한가요? 내가 쓴 글, 내가 다듬는 법』 (김정선, 유유, 2016)
어색한 문장을 훨씬 보기 좋게 다듬는 비결들을 자세히 소개한 책이야. 친절한 안내를 참
고해서 글을 쓴다면 분명 독자가 읽기 좋은 글을 쓸 수 있게 될 거야.

▷ 나쁜 글 고치는 법 | '정보 홍수의 시대에 어떻게 읽고 쓸 것인가?' 유시민 작가 (교양
Voyage) 독자가 읽기 힘든 나쁜 글의 예시를 들려주고, 어떻게 하면 잘 쓰는지 설명하기
때문에 내가 쓴 글의 문제를 파악하는 데 도움이 돼.

주제와 목적에 맞게
글 수준을 고쳐 볼까?

주제 중심의 글 점검

아리스토텔레스라는 철학자가 "전체는 부분의 합보다 크다"라고 말했대.
글도 그래. 단어, 문장, 문단이 모여서 더 멋진 의미를 만들어 내거든.
이렇게 되려면 뭐가 필요할까? 바로 '주제의 통일성'이야.

학습 키워드   #글수준고쳐쓰기 #주제의통일성 #글의응집성
교과 연계   초6 〉 국어 〉 쓰기 과정을 점검·조정하며 글을 쓰고, 글 전체를 대상으로 통일성 있게 고쳐 쓴다.

색깔도 모양도 다 다른 구슬을 어떻게 꿰느냐에 따라 목걸이가 되기도 하고 팔찌가 되기도 하지. 글도 똑같아. 문장, 문단, 단어 하나하나가 구슬이라면, 글은 그걸 꿰어 만든 멋진 작품이야. 그냥 따로 있을 땐 별거 없어 보여도 잘 엮이면 훨씬 더 큰 가치가 생겨.

이렇게 하나의 멋진 글이 되려면 모든 내용이 하나의 주제에 맞춰 연결돼 있어야 해. 이걸 '주제의 통일성'이라고 해. 주제가 하나로 잘 묶여 있으면, 글이 더 깊이 있고 멋져 보여.

그럼 좋은 글이 되려면 어떻게 해야 할까? 글을 다 쓴 다음, 전체를 한 번에 쭉 읽어 보는 거야. 그리고 부족한 부분은 고쳐쓰기로 보완하는 거지.

다음은 글 수준에서 고쳐쓰기를 할 때 살펴보아야 하는 사항이야.

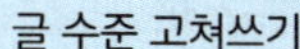

글의 주제나 목적은 글쓴이가 가장 전하고 싶은 핵심 이야기야. 그러니 글을 읽는 사람이 확실히 알아차릴 수 있게 글을 써야겠지? 글을 길게 썼더라도, 무슨 이야기를 하는지 잘 안 보이면 독자는 중간에 읽다 말 수도 있어. 그래서 글을 쓸 때는 앞부분에 "이 글은 이런 내용을 말할 거예요!" 하고 주제를 딱 알려 주는 게 좋아. 그럼 읽는 사람도 글의 내용을 더 쉽게 이해할 수 있거든.

이제 하나의 문단으로 된 글을 볼게. 과연 이 글의 주제나 목적이 뭔지 생각하면서 읽어 보자.

최근에 저는 독서에 관심을 가지기 시작했습니다. 독서는 지식을 쌓을 수 있는 아주 좋은 방법입니다. 소설은 다양한 사람들의 삶을 간접 체험할 수 있는 문학의 한 갈래이기도 하죠. 가을은 특히 선선한 공기를 쐬며 책을 읽기 좋은 계절입니다. 친구들과 책과 관련한 주제를 정해 대화를 나누며 책을 읽어도 좋겠지요. 텔레비전을 보거나 게임을 하며 시간을 보내던 예전과 달리 지금은 조용히 책을 읽으며 시간을 보내다 보니 마음이 건강해지는 것 같아서 좋습니다.

물론 운동도 하며 몸의 건강 역시 돌보는 중입니다. 방과 후에 친구와 매일

윗글의 주제가 무엇인지 알겠어? 처음엔 독서 얘기하는 줄 알았는데 갑자기 운동 얘기도 나오고 나중엔 나들이 얘기도 나와. 그래서 이 글이 '취미를 소개하는 글'인지 '취미를 가지라고 권하는 글'인지 잘 모르겠지?

만약 글쓴이가 글을 시작할 때 "제가 좋아하는 두 가지 취미를 소개할게요. 하나는 독서, 하나는 운동이에요." 이렇게 시작했더라면 어땠을까? 그럼 글을 읽는 사람도 "아, 이 글은 이런 얘기구나!" 하고 바로 알 수 있었을 거야. 글쓴이도 방향을 확실히 정하고 글을 쓸 수 있었겠지. 그리고 글을 쓸 때는 독서 이야기는 독서 문단에, 운동 이야기는 운동 문단에 따로 쓰면 더 보기 쉬웠을 거야. 이렇게 하면 글이 훨씬 더 정리되어 보여서 읽는 사람이 이해하기 좋아.

그런데 글을 쓰다 보면 나도 모르게 주제에서 벗어난 내용을 쓸 때가 있어. 이건 글 전체의 통일성을 깨뜨릴 수 있어. 그래서 고쳐 쓸 땐 꼭 각 문장과 문단이 글의 주제와 잘 연결되어 있는지 살펴봐야 해. 주제랑 관련이 별로 없으면 내용을 고치거나 아예 빼는 게 좋아. 반대로 빠뜨린 게 있다면 내용을 더 보충해서 넣어 줘야 하고. 그리고 문장이나 문단이 자연스럽게 이어지는지도 꼭 확인해야 해. 만약 연결이 어색하면, 여러 주제를 섞은 것처럼 보여서 독자가 헷갈릴 수 있어. 그러니까 문장이나 문단을 그냥 나열만 하지 말고, 전체 글이 주제를 중심으로 잘 이어지도록 고치자.

1. 다음 빈칸에 알맞은 말은?

> 1) 글을 구성하는 모든 내용이 하나의 주제에 맞춰 연결되어 있는 것을 주제의 _______(이)라고 한다.
>
> 2) 글을 다 쓴 뒤 발견된 부족한 점은 __________(으)로 보완할 수 있다.

2. 위 내용을 참고할 때 통일성을 깨뜨리는 문장을 찾아 보자.

> 가을이 되면 우리의 눈길이 닿는 곳곳은 울긋불긋한 단풍으로 물들어 산책하기 좋아진다. 가을의 맑은 하늘과 선선한 바람은 산책하는 이들의 발걸음을 더욱 경쾌하게 만들어 준다. 공원의 나무도, 등굣길의 가로수도 모두 알록달록하게 변신하여 평범했던 길을 산책길로 만들어 준다. 이런 가을에 수학 문제를 열심히 풀면 집중력이 높아진다는 연구 결과도 있다. 그래서 많은 이들이 주말마다 가까운 산이나 공원을 찾아 가을의 정취를 만끽한다.

3. 글의 통일성을 유지하기 위해 글을 고쳐 쓰는 과정에서 고려해야 할 사항들을 적어 보자.

더 알고 싶어 119

📖 도서　▷ 영상　🔍 사이트

📖 『글쓰기 꼬마 참고서 첫 문장부터 퇴고까지』 (김상우, 페이퍼로드, 2023)
　55가지 글쓰기 기술을 250개 예문으로 터득할 수 있게 돕는 책으로 다양한 종류의 글을 시작하고 마무리할 수 있도록 친절하게 안내하는 책이야.

▷ 대통령 연설문 전문가의 42가지 퇴고 체크리스트는? 강원국 작가의 첨삭: 더 나은 글쓰기 [써드림 첨삭소] (교보문고)
　구독자가 쓴 글을 작가가 직접 첨삭해 주는 과정을 보여주는 영상으로, 이 영상을 통해 고쳐쓰기의 전반적 과정을 자연스럽게 알 수 있어.

문단과 문단의 연결, 자연스럽게 이어지게 하려면?

문단 속 연결 확인하기

맛없는 재료로 만든 음식이 맛있을 수 있을까? 재료가 엉망이면 아무리 요리를 잘해도 맛이 없을 거야. 글도 똑같아. 문단 하나하나가 엉성하면 그 문단들이 모인 긴 글도 엉성해질 수밖에 없어. 그래서 문단을 잘 고쳐 쓰는 게 정말 중요해. 문단을 하나씩 잘 다듬다 보면 글이 훨씬 더 멋져질 거야.

학습 키워드　#중심문장과뒷받침문장　#응집성　#지시어와접속어

교과 연계　초6 〉 국어 〉 쓰기 과정을 점검·조정하며 글을 쓰고 글 전체를 대상으로 통일성 있게 고쳐 쓴다.
초4 〉 국어 〉 중심 문장과 뒷받침 문장을 갖추어 문단을 쓰고, 문장과 문단을 중심으로 고쳐 쓴다.

긴 글을 주제나 흐름에 따라 나누면 짧은 이야기 덩어리들이 생겨. 이걸 '문단'이라고 해. 문단은 글의 한 부분이지만 그 안에 하나의 주제가 들어 있어서 그것만 따로 봐도 하나의 작은 글이야. 그래서 좋은 글을 쓰려면 문단 하나하나도 잘 써야 해. 읽는 사람이 "오, 재밌네!" 하고 계속 읽고 싶게 하려면 문단마다 내용이 알차고 흥미로워야 하거든.

그러려면 문단을 고쳐 쓸 때도 신경을 써야 해. 먼저 문단을 하나의 완성된

글 수준 고쳐쓰기
↓
문단 수준 고쳐쓰기
중심 내용과 뒷받침 내용이 긴밀하게 연결되어 있는가? 문단의 중심 내용과 관련 없는 불필요한 내용은 없는가? 지시어나 접속어의 사용이 적절한가?
↓
문장 수준 고쳐쓰기
↓
단어 수준 고쳐쓰기

글처럼 생각하면 중심 내용과 뒷받침 내용이 잘 이어졌는지 살펴보는 게 훨씬 쉬워져. 문단 안에는 꼭 핵심이 되는 문장이 있는데 그걸 '중심 문장'이라고 해. 나머지 문장들은 그 중심 문장을 도와주는 '뒷받침 문장'이야. 이 뒷받침 문장들이 중심 문장과 잘 이어져 있어야 문단 전체가 하나의 주제를 말하는 글처럼 보여.

그럼 이제 연습해 볼까? 아래 문장에서 밑줄 그어진 문장이 중심 문장이야. 그렇다면 나머지 문장 중에서 중심 내용과 잘 이어지지 않는 문장은 어떤 걸까? 한 번 찾아보자.

> <u>독서는 인간의 사고력을 증진시킵니다.</u> 책을 읽으면 다양한 관점을 접하면서 사고의 폭이 확장됩니다. 또한 여러 장르의 책을 읽으면서 창의적 사고를 키울 수 있습니다. 책 속의 논리적 구조의 문장들을 접하면서 논리적 사고도 자랍니다. 스마트폰을 보기보다는 책을 보는 게 좋습니다. 꾸준한 독서는 사고력을 키우기 위한 좋은 습관입니다.

어떤 문단에서 중심 문장이 '책을 읽으면 생각하는 힘이 자라납니다.'라고 되어 있다고 해. 그런데 그 문단 안에 '스마트폰을 보기보다는 책을 보는 게 좋습니다.'라는 문장이 들어 있으면 어떨까? 이 문장은 겉으로 보기엔 관련 있어 보여도 중심 문장인 '생각하는 힘'과는 직접적으로 연결되진 않아. 그래서 이 문장은 문단에서 빼는 게 좋아. 이렇게 중심 내용과 관련 없는 문장은 과감하게 없애는 게 문단 고쳐쓰기야.

또 만약 '요즘 사람들은 스마트폰을 너무 많이 사용하고 있습니다.' 이런 문장이 그 문단 안에 있다면, 이것도 중심 내용을 제대로 뒷받침하지 못하니까 빼는 게 맞아. 중심 내용과 관련 없는 문장을 정리한 다음에는 남아 있는 문장들이 서로 잘 이어지도록 연결도 잘해 줘야 해. 그래야 글을 읽을 때 흐름이 끊기지 않고 쭉 이어지거든. 이렇게 문장과 문단이 자연스럽게 이어지고 내용이 잘 연결돼서 글 전체가 한 덩어리처럼 느껴지는 걸 '응집성'이 높다고 해.

응집성이 높은 글은 읽는 사람이 내용을 훨씬 더 쉽게 이해할 수 있어. 그래서 문단을 고쳐 쓸 때는 중심 내용과 관련 있는 문장만 남기고 그 문장들이 자연스럽게 이어지도록 만들어 주는 게 중요해.

> 어제는 서점에 갔다. 서점에서 '고교학점제의 모든 것'이라는 책을 구매했다. '고교학점제의 모든 것'에는 달라진 교육 정책에 대한 친절한 설명이 담겨 있었다. 친절한 설명 덕분에 고교학점제가 무엇인지 알게 되었다. 고교학점제가 무엇인지 알게 된 덕분에 앞으로 무엇을 해야 할지 방향을 잡을 수 있게 되었다.

> 어제는 서점에 갔다. 거기서 '고교학점제의 모든 것'이라는 책을 구매했다. 그 책에는 달라진 교육 정책에 대한 친절한 설명이 담겨있었다. 그래서 고교학점제가 무엇인지 알게 되었다. 그 덕분에 앞으로 무엇을 해야 할지 방향을 잡을 수 있게 되었다.

첫 번째 글보다 두 번째 글이 더 자연스럽고 읽기 쉬웠다면 글을 쓸 때 불필요한 반복을 줄이고 대신 지시어나 접속어를 잘 썼기 때문이야. 예를 들어 '거기서', '그' 같은 지시어는 앞에 나온 내용을 짧게 가리킬 수 있게 도와줘. '그래서', '하지만' 같은 접속어는 문장과 문장을 자연스럽게 이어 주고 이런 표현을 잘 써 주면 글이 간결해지고 뜻도 더 뚜렷해져. 문장끼리도 잘 이어지고 읽는 사람이 헷갈리지 않게 해 주거든. 이렇게 응집성이 높아지면 글 전체가 하나로 잘 뭉친 느낌이 들어. 그러면 독자가 글의 주제를 더 쉽게 이해할 수 있어.

1. 다음 빈칸에 알맞은 말은?

> 1) 긴 글을 주제나 흐름에 따라 나누었을 때 생기는 짧은 이야기 덩어리들을 _______(이)라고 한다.
> 2) 문단 안의 핵심이 되는 문장을 _______문장이라고 하며, 이는 뒷받침 문장과 긴밀한 관련이 있다.
> 3) 문장과 문장이 자연스럽게 이어지고 내용 연결이 잘 돼서 글 전체가 한 덩어리처럼 느껴지는 걸 _______(이)라고 한다.

2. 위 내용을 참고할 때 글의 응집성을 깨는 문장을 찾아 밑줄을 그어 보자.

> 책을 많이 읽는 것은 생각의 폭을 넓히는 데 큰 도움이 된다. 책 속의 다양한 인물과 사건을 접하면서 우리는 여러 관점을 이해할 수 있다. 꾸준한 독서는 생각하는 힘을 기르므로 글쓰기 능력과 표현력의 향상에도 효과적이다. 요즘은 독서가 지적인 허세를 채워준다는 점에서 학생들에게 인기 있는 취미가 되고 있다.

3. 문단 수준에서 고쳐쓰기를 할 때 중심 내용과 뒷받침 내용의 긴밀한 연결성을 살펴보는 이유는 무엇일까?

더 알고 싶어 119　　　　　📑 도서　▶ 영상　🔍 사이트

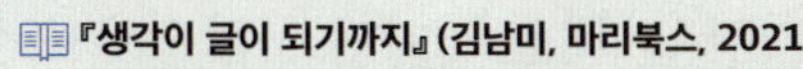

📑 『생각이 글이 되기까지』 (김남미, 마리북스, 2021)
생각을 글로 만드는 방법을 자세히 안내하는 책으로, 글의 중심 생각과 다른 단락과의 관계에 대해서도 고민하고 답을 찾아갈 수 있는 내용들이 제시되어 있어.

▶ [써드림 첨삭소] 지우는 걸 아까워하지 마세요. 더 좋은 게 글 안에 있으니까 (교보문고)
더 나은 글쓰기를 위한 퇴고의 과정을 보여주는 영상이야. 전체적인 맥락을 고려하여 글을 고쳐나가는 과정을 살피며, 간접적으로 고쳐쓰기를 체험해 보자.

표현이 어색할 땐 문장 수준에서 고쳐 볼까?

문장이 더 잘 읽히도록 바꾸기

내용이 아무리 좋아도 문장이 어색하면 글을 읽기 힘들어.
문장 하나하나를 다듬어서 더 자연스럽고 정확하게 바꾸는 게 필요해.
이제 문장 고쳐쓰기 방법을 익혀서 글의 완성도를 한 단계 높여보자.

학습 키워드　#문장고쳐쓰기　#상투적표현　#문장의호응

교과 연계　초6 〉 국어 〉 쓰기 과정을 점검·조정하며 글을 쓰고, 글 전체를 대상으로 통일성 있게 고쳐 쓴다.
　　　　　　초4 〉 국어 〉 중심 문장과 뒷받침 문장을 갖추어 문단을 쓰고, 문장과 문단을 중심으로 고쳐 쓴다.

앞에서 글 전체를 고쳐 쓰는 방법, 문단을 고쳐 쓰는 방법을 배웠지? 그건 주로 내용에 집중해서 살펴보는 단계였어. 글의 주제랑 목적이 잘 드러났는지, 중심 내용과 잘 연결된 문장들로 채웠는지를 확인했지.

글 수준 고쳐쓰기
↓
문단 수준 고쳐쓰기
↓
문장 수준 고쳐쓰기
문장이 지나치게 길거나 짧지는 않은가? 진부하거나 상투적인 표현을 쓰고 있지는 않은가? 문장의 호응이나 시제, 높임법, 피동·사동 표현 등이 올바른가?
↓
단어 수준 고쳐쓰기

이제는 문장 하나하나를 고쳐 볼 차례야. 내용도 물론 중요하지만 그 내용을 어떤 문장으로 표현했는지도 똑같이 중요해. 문장을 더 정확하고 자연스럽게 고치면, 글 전

체가 훨씬 매끄럽게 느껴질 거야.

문장을 고칠 때는 이런 점을 신경 써야 해! 먼저, 문장이 너무 길면 내용이 복잡해져서 읽는 사람이 이해하기 어려워. 읽는 사람이 잘못 이해할 수도 있고, 무슨 뜻인지 한참 생각해야 할 수도 있어. 그렇다고 문장을 너무 짧게만 써도 문제야. 짧은 문장만 계속 나오면 말이 툭툭 끊기고, 내용도 제대로 전달되지 않을 수 있거든. 그래서 문장을 쓸 땐 의미가 잘 드러나면서도 읽기 쉬운 길이로 써야 해.

예를 들어 이 문장을 보자. 이 문장은 너무 길고 정보도 너무 많이 들어 있어서 무슨 말인지 한 번에 이해하기 어려워. 이럴 땐 문장을 여러 개로 나누거나 문장을 더 간단하게 바꾸는 게 좋아. 그렇게 하면 읽는 사람이 훨씬 쉽게 내용을 이해할 수 있어.

또 문장을 고쳐 쓸 때 꼭 살펴봐야 할 게 있어. 바로 진부하거나 상투적인 표현이야. 이건 뭐냐면 너무 자주 쓰여서 이제는 신선함이 없는 표현을 말해. 예를 들면 "시간은 금이다.", "노력은 배신하지 않는다." 같은 말들이야. 이런 표현은 너무 흔하게 들려서 읽는 사람이 "또 이런 말이네…" 하고 지루하게 느낄 수 있어. 그리고 글에 개성이나 독창성이 없어 보이게 만들 수도 있어. 그래서 되도록이면 직접 느낀 감정이나 상황을 새롭게 표현해 보려고 해봐. 예를 들어 "시간은 금이다." 대신에 "시간은 내가 하고 싶은 걸 이룰 수 있는 기회야." 이렇게 표현해 보면 훨씬 더 나다운 문장이 되겠지? 조금 서툴더라도 새롭고 생생하게 표현하려는 노력이 글을 더 살아 있게 만들어 줘.

그리고 문장 성분끼리 잘 어울리는지도 살펴야 해. 가령 "나는 영화와 책을 읽는다." 이 문장은 말이 좀 이상해. '영화'도 '읽는다'의 대상처럼 보이거든. 이때는 '영화'와 잘 어울리는 서술어를 써서 고치는 게 바람직해. "나는 영화를 보고, 책을 읽는다." 이렇게 고치니 훨씬 자연스러워졌지?

또 높임 표현도 조심해야 해. "내 동생과 아빠가 먼저 식사하셨다." 이 문장은 '동생'까지 높인 말처럼 되어 버려. "아빠께서 동생과 먼저 식사하셨다." 이렇게 바꾸는 게 맞아. 문법이 틀리면 글을 읽는 사람이 내용을 제대로 이해하지 못할 수도 있고, 심하면 글쓴이를 신뢰하지 않게 될 수도 있어. 그래서 문장 하나하나도 정확하고 바르게 써야 글을 읽는 사람이 "이 글 진짜 잘 썼다!" 하고 느끼게 되는 거야.

1. 문장 수준에서 고쳐 쓸 때 고려할 것이 아닌 것은?

　① 문장이 지나치게 길거나 짧지는 않은가?

　② 문장과 문장의 관계가 부자연스럽지는 않은가?

　③ 어울리지 않는 문장성분이 있지는 않은가?

　④ 진부하거나 상투적인 표현을 쓰고 있지는 않은가?

　⑤ 시제, 높임법, 피동·사동 표현 등이 틀리진 않은가?

2. 아래의 글에서 문장 수준에서 고쳐 써야 하는 문장을 두 개 찾고 고쳐 써야 하는 이유를 써 보자.

> 나는 운동을 통해 몸과 마음을 건강하게 유지하려고 한다. 운동을 하면 땀도 나고 기분도 좋아지고 피곤이 사라지고 친구들도 만나고 하루가 즐겁고 자신감도 생기고 여러 가지 좋은 점이 있다. 실제 사회적으로 뛰어난 성취를 거둔 사람 중에는 꾸준히 운동하는 사람들이 많다. 그래서 지난주에 나는 체육관에 가서 열심히 운동을 한다. 앞으로도 나는 규칙적인 운동을 통해 더 건강한 삶을 살고 싶다.

고쳐 써야 하는 문장	
고쳐 써야 하는 이유	
고쳐 써야 하는 문장	
고쳐 써야 하는 이유	

 **더 알고 싶어 119**　　　　📖 도서　▷ 영상　🔍 사이트

📖 『**글쓰기 달인이 되려면 잘못된 문장부터 고쳐라**』(박찬영, 리베르, 2015)
전문가들도 흔히 실수하는 대표적인 사례들을 바탕으로 올바른 문장을 쓰는 방법을 안내하고 있어. 잘 익히면 어떤 글도 자신 있게 쓸 수 있을 거야.

▷ **간결하고 명쾌한 글쓰기 법칙** (인재교육TV)
간결하고 명쾌한 글쓰기를 위한 문장의 조건을 자세히 안내하고 있어. 이 조건에 따라 문장을 다듬으면, 내가 전달하려는 뜻을 독자가 이해하기 쉬울 거야.

단어 하나에도
글의 품격이 달라져

글 전체의 수준을 바꾸는 단어 하나의 힘

단어 하나는 작아 보여도 글 전체 분위기를 바꿀 만큼 큰 힘을 가졌어.
비슷해 보이는 단어라도 상황에 따라 쓰임새가 달라지지.
이제 단어 하나하나를 잘 골라서 글의 정확성과 표현력을 높여 보자.

학습 키워드　#단어고쳐쓰기　#단어의적절성　#맞춤법
교과 연계　초6 〉 국어 〉 쓰기 과정을 점검·조정하며 글을 쓰고, 글 전체를 대상으로 통일성 있게 고쳐 쓴다.

어떤 회사에서 새로 만든 물건을 소개하는 글을 썼다고 생각해 봐. 그 물건이 얼마나 특별한지 이야기해 놓고, 갑자기 '값이 싸요!'라고 강조하면 사람들은 어떻게 생각할까? '새 제품인데 싸게 파는 거 보면 품질이 별로인 거 아냐?' 이렇게 오해할 수도 있어. 그럴 땐 '합리적인 가격이에요.', '가성비가 좋아요.' 같은 표현을 쓰면 '싸다'는 말이 주는 부정적인 느낌을 줄일 수 있어.

글 수준 고쳐쓰기
↓
문단 수준 고쳐쓰기
↓
문장 수준 고쳐쓰기
↓
단어 수준 고쳐쓰기

글의 흐름에 맞는 단어가 적절하게 사용되었는가?
띄어쓰기를 비롯한 맞춤법이 정확하게 사용되었는가?

이렇게 단어 하나가 글의 느낌을 바꾸기도 하고 글의 목적을 이루는 데 영향을 주기도 해. 그래서 글을 쓸 때 상황에 잘 맞는 단어를 고르는 게 정말 중요하지.

글을 쓸 때 단어를 제대로 쓰고 싶다면 내가 아는 단어라도 "진짜 이게 맞을까?" 하는 마음으로 사전을 한 번 더 찾아보는 게 좋아. 왜냐하면 우리가 알고 있는 뜻과 실제 뜻이 다를 수도 있고, 비슷해 보이는 단어라도 어떤 상황에서는 어울리고 어떤 상황에서는 안 어울릴 수 있기 때문이야. 예를 들어 '저렴하다', '가격이 합리적이다', '가성비가 좋다'는 말은 다 비슷하게 들릴 수 있지만 어떤 걸 쓰느냐에 따라 말의 느낌이 달라져. 그래서 단어를 쓸 땐 그 단어가 글 속에서 정말 어울리는지 꼭 생각해 보고 쓰는 게 중요해.

그리고 단어를 고칠 땐 띄어쓰기나 맞춤법도 꼭 점검해 봐야 해. 띄어쓰기나 맞춤법이 자주 틀리면 글에 대한 독자의 믿음이 떨어질 수 있어. 띄어쓰기를 잘못하면 글을 읽는 사람이 헷갈리거나 문장을 이상하게 이해할 수도 있는데 이게 반복되면 독자는 글을 계속 읽기 어려워져. 아래 예시를 같이 보면서 왜 그런지 살펴보자.

① 이거 정말좋다. / 나무랄데가 없다. / 함께모여있어.

② 네가 발을 만졌다. / 네 가발을 만졌다.

①은 띄어 써야 할 말을 붙여 쓴 문장이야. 이런 문장이 많으면 글을 읽는 사람이 문장을 한 번에 이해하기 힘들어져. 단어랑 단어 사이 구분이 잘 안 되니까 문장이 어떻게 구성되어 있는지도 헷갈릴 수 있지. 결국 집중력이 떨어져서 글을 끝까지 안 읽을 수도 있어.

②는 어디를 띄어 쓰느냐에 따라 문장의 뜻이 완전히 달라질 수 있다는 걸 보여줘. '네가 발을 만졌다'와 '네 가발을 만졌다'는 말은 띄어쓰기 하나 차이인데도 완전히 다른 말이 돼. 이렇게 띄어쓰기를 잘못하면 글을 읽는 사람이 뜻을 잘못 이해할 수도 있어. 그래서 단어를 고쳐 쓸 때는 띄어쓰기를 정말 꼼꼼히 살펴봐야 해. 그래야 글을 읽는 사람이 글을 더 쉽게, 더 정확하게 이해할 수 있거든!

위에 밑줄 친 단어들은 전부 틀린 맞춤법을 보여주는 예시야. '되어서'의 줄임은 '돼서'이고 '어떻게 해야'는 줄여서 '어떡해야'라고 써야 해. 그래서 첫 문장은 "참가하지 못하게 돼서 어떡해야 하나 걱정이 됐다."가 맞는 표현이야. 또 '낳다'는 아기나 새끼를 몸 밖으로 내놓는 것을 말하는 단어고, '낫다'는 병이나 상처가 다 나아서 괜찮아지는 것을 말해. 그러니까 글에서는 '낫다'를 써야 맞아.

그리고, '맞혀'는 '정답을 맞히다'와 같이 틀리지 않고 맞게 답한다는 의미의 '맞히다'를 사용한 것이 아니고, 정해진 시간을 넘지 않게 한다는 의미의 '맞추다'를 사용하는 게 더 적절해. 이 상황에서는 '맞춰'라고 하는 게 맞는 표현인 거야.

이런 식으로 우리가 자주 헷갈리는 맞춤법들은 따로 정리해 두고 자꾸자꾸 익히는 게 좋아. 그러면 나중에 글을 쓸 때 더 정확한 표현을 쓸 수 있게 될 거야.

1. 단어 수준에서 고쳐 쓸 때 고려할 것이 아닌 것은?

① 띄어쓰기나 맞춤법을 점검해 본다.

② 상황에 잘 맞는 단어인지 생각한다.

③ 최근 유행하는 단어 위주로 사용한다.

④ 같은 의미여도 더 적절한 단어를 사용한다.

⑤ 잘 아는 단어라도 사전을 한 번 더 찾아본다.

2. 아래 글에서 단어 수준의 고쳐쓰기가 필요한 부분을 세 군데 찾아 바르게 고쳐 보자.

> 오늘 만나기로 한 친구가 감기에 걸려서 나오지 못한다고 해서 "아파서 어떻해! 따뜻한 차를 마시면 빨리 낳을 수 있대. 푹 쉬고 내일 보자."라고 메시지를 보낸 뒤 혼자 산책을 했다. 산책길에 하늘 높이 날라가는 연을 보니 친구와 놀았던 추억이 떠올랐다.

고쳐쓰기가 필요한 단어		고쳐 쓴 후의 단어
	→	
	→	
	→	

더 알고 싶어 119

📖 도서　▷ 영상　🔍 사이트

📖 『탄탄한 문장력』 (브랜던 로열, 카시오페아, 2015)
　글쓰기를 두려워하는 모든 이들에게 글쓰기의 기본 원칙을 알려 주는 책이야. 문법의 오류나 문장의 실수가 없는 글을 쓰는 방법에 대해 실용적인 조언을 가득 전하고 있어.

▷ [써드림 첨삭소] 글쓰기 후 꼭 해야 하는 퇴고법 4가지! 고수리 작가의 첨삭: 더 나은 글쓰기 (교보문고) 글쓰기 후 퇴고할 때 도움이 되는 방법을 안내하면서, 일반인들도 4가지 퇴고 방법을 통해 글을 더 나은 수준으로 다듬을 수 있게 안내하고 있어.

글을 세밀하게 다듬고 완성도를 높이는 나!
어떤 직업이 잘 맞을까?

관련 직업

출판 및 미디어 분야: 출판과 미디어 분야에서의 편집 과정은 독자가 쉽게 이해하고 몰입할 수 있도록 글을 다듬는 중요한 작업이야. 출판 분야에서는 원고의 완성도를 높이기 위해 문장의 구조와 표현을 다듬어. 미디어 분야도 비슷해. 영상의 자막과 스크립트를 다듬어 메시지가 더욱 효과적으로 전달되도록 해. 뉴스 기사를 쓰는 기자도 마찬가지야. 정확한 정보를 전달하기 위해 원고를 여러 차례 수정해. 이 과정을 거치면서 기사에 담긴 정보의 신뢰성을 높이고 독자가 내용을 빠르게 이해할 수 있도록 정리하는 거지. 결국 출판과 미디어 분야에서의 편집은 더 나은 전달력을 위한 필수 과정이야.

> **이런 일을 하는 직업:** 출판 편집자, 영상 편집자, 뉴스 기자, 콘텐츠 기획자, 출판 교정사, 논문 교열사 등
>
> **관련 학과:** 국문학과, 문예창작학과, 출판학과, 영상학과, 미디어학과, 신문방송학과, 언어학과, 언론정보학과, 언론홍보학과 등

창작 및 문학 분야: 작가는 자신의 글을 수도 없이 다듬고 고쳐. 단어 하나, 문장 하나가 주는 무게와 울림을 잘 알기 때문에 독자에게 더 인상 깊은 문장을 전하려고 애쓰는 거야. 카피라이터도 마찬가지야. 광고나 마케팅 문구는 짧고 강렬해야 해. 메시지를 효과적으로 전달하면서도 너무 길면 안 되지. 다른 나라의 글을 자국의 글로 번역해야 하는 번역가역시 글을 끊임없이 고치는 사람이야. 원작의 의미를 그대로 살리면서도 자연스럽게 읽히도록 하기 위해 수많은 고민과 수정을 거치는 거지. 결국 좋은 글은 단번에 완성되지 않아. 수많은 수정과 다듬음을 거쳐야 비로소 빛을 발하게 되는 거야.

> **이런 일을 하는 직업:** 카피라이터, 마케팅 전략 기획자, 브랜드 매니저, 디지털 마케터 등
>
> **관련 학과:** 광고홍보학과, 마케팅학과, 경영학과, 언론정보학과, 디지털콘텐츠학과, 문예창작과 등

이 직업이 궁금해: 카피라이터

카피라이터는 기발한 아이디어와 감각적인 문장으로 사람들의 기억에 남는 광고 문구를 만드는 사람이야. 특정 상품이나 서비스가 쉽게 각인될 수 있도록 매력적인 문안을 작성하는 게 주된 역할이지. 좋은 광고 문구를 만들려면 상품의 특징을 잘 알아야 해. 그래서 광고주나 시장 조사 분석가와 협의하면서 상품에 대한 정보를 수집하고, 광고의 길이나 형태도 논의해. 광고 문안을 만들기 위해 직접 조사를 하거나 인터뷰를 진행하고 관련 자료를 검토하는 것도 카피라이터의 중요한 업무 중 하나야. 이런 자료를 바탕으로 효과적인 광고 전략을 짜고, 표제어(헤드라인), 부제어, 본문, 슬로건 등을 만들어. 짧은 시간 안에 중요한 메시지를 강하게 전달해야 하니까, 한 문장을 수십 번씩 다듬고 보완하는 과정을 거치는 거지.

카피라이터가 되려면 어떤 학과에 가야 하지?

문예창작과, 국문학과, 광고홍보학과

문예창작과

어떤 학과일까? 창조 정신을 바탕으로 문학과 예술에 대해 배우고 직접 글을 써 보면서 이론과 실제가 모두 훌륭한 글쓰기 실력을 키우는 학과야. 단순히 글을 잘 쓰는 법만 배우는 게 아니라, 우리 생활과 문화 속에서 멋진 이야기나 감동적인 장면을 찾아내는 눈도 기르게 돼. 배우는 내용도 다양해! 시, 소설, 동화, 희곡 같은 전통적인 글쓰기뿐만 아니라, 영화나 드라마 대본 쓰기, 광고 문구 만들기, 온라인 글쓰기 같은 것도 연습해. 그냥 이론만 배우는 게 아니라 직접 써보고 고치면서 점점 더 좋은 글을 쓸 수 있도록 돕는 과정이야.

어떤 학생에게 잘 맞을까? 소설책 읽는 걸 좋아하고 글 쓰는 게 재미있다면 이 학과를 한 번 눈여겨볼 만해. 평소에 감수성이 풍부하다는 얘기를 자주 듣거나 상상력이 남다르다는 말을 많이 들었다면 더 잘 맞을 수도 있어.

주로 배우는 과목은? 문예사조, 소설창작실습, 소설창작특강, 시론특강, 편집실기 등

더 알고 싶어 119

📖 『**카피라이터의 일**』 (오하림, 호름출판, 2024) 한 줄의 카피를 만들기 위한 과정과 카피라이터의 일상을 진솔하게 녹여 내어 카피라이터의 삶이 궁금한 친구라면 재미있게 읽을 수 있는 책이야.

01일차

1. 1) 공간, 2) 시간, 공간
2. 불특정
3. 없음, 생각, 있음
4. 답안 예시 학업 스트레스에 대해 에세이를 작성하면 후대에 남아 다른 사람들과 소통할 것 같습니다. 과거로 부터 지금까지, 그리고 미래에도 학생들은 열심히 공부 해야 하고, 거기서 스트레스를 느끼며 지낼 것 같기 때문입니다. 그래서 미래의 학생들도 공감하며 읽을 것 같습니다.

02일차

1. 1) 비판적, 2) 창의성
2. ②

03일차

1. X
2. ㉠-ⓓ, ㉡-ⓐ, ㉢-ⓑ, ㉣-ⓒ
3. 선택형, 사고, 서답형, 학업
4. 답안 예시 학습 내용을 단순히 외우는 것보다 배운 내용을 스스로 설명하고 나만의 생각을 논리적으로 쓰는 연습이 도움이 됩니다.

04일차

1. 1) 성찰, 2) 일기

05일차

1. 고등사고
2. 계획, 조직, 고쳐
3. 내용 조직하기 단계

06일차

1. 주제
2. ②
3. ④

07일차

1. 목적
2. O
3. ③
4. ㉠-ⓑ, ㉡-ⓐ, ㉣-ⓓ, ㉢-ⓒ

08일차

1. X
2. 1) 격식, 2) 예상 독자
3. ⑤

09일차

1. 1) X, 2) O
2. 블로그
3. ⑤
4. 답안 예시 제가 여행기를 쓴다면 블로그를 선택할 것입니다. 블로그는 사진, 글, 영상을 모두 포함할 수 있어서 여행지에서의 다양한 경험을 시각적으로 보여줄 수 있기 때문입니다. 또한 블로그는 독자가 댓글을 달아 소통할 수 있어 독자의 반응을 빠르게 확인할 수 있는 장점이 있습니다. 블로그에 글을 쓰면 여행지에 대한 자세한 설명과 이야기를 연재 형식으로 계속 올릴 수도 있습니다.

10일차

1. 1) 출처, 2) 직접, 설문
2. O
3. 전화, 이메일, 화상회의 등
4. ①
5. 답안 예시 글쓰기 계획 단계에서 자료를 준비하는 것은 글의 신뢰성과 설득력을 높이는 데 필수적입니다. 자료를 제대로 준비하지 않으면 글을 쓰는 도중 필요한 정보를 찾지 못해 당황하거나 글의 완성도가 떨어질 수 있습니다. 예를 들어 제주도 한 달 살기 경험을 글로 쓰는 상황에서 자료 준비를 소홀히 한 경우, 특정 여행지에 대한 사진이나 정보가 부족하여 독자의 흥미를 끌지 못하게 됩니다. 더 나아가, 기존에 비슷한 내용의 글들이 많다는 사실을 미리 알지 못하면, 차별화된 글을 작성하지 못해 독자의 관심을 얻기 어렵게 될 수 있습니다. 따라서 계획 단계에서 글쓰기 자료를 철저히 준비하는 것이 필요합니다.

11일차

1. 생성
2. 1) X, 2) O
3. ④
4. 답안 예시 예상 독자를 고려하는 건 글의 주제와 내용이 독자의 관심과 흥미를 끌기 위해서 중요합니다.

독자의 수준에 맞지 않는 글감으로 쓴 글은 독자와의 소통이 어렵고, 글의 설득력과 흡입력이 떨어질 수 있습니다. 예상 독자를 고려하지 않은 글은 독자에게 외면 받거나, 불필요한 정보를 전달하는 결과를 낳게 됩니다.

12일차

1. 1) X, 2) O

2. ⑤

13일차

1. 1) 자료 2) 균형

2. ③

14일차

1. 1) 목적, 2) 저작권

2. X

3. ⑤

4. 답안 예시 전문가 인터뷰에서 얻은 자료가 기존 자료와 다르면 먼저 두 자료의 출처, 작성자, 작성 시기 등을 비교해서 신뢰도를 평가해야 합니다. 다른 신뢰할 수 있는 자료를 더 구해서 검토하거나 관련 분야의 다른 전문가의 의견을 추가로 구해 균형 잡힌 결론을 내리는 것이 좋습니다.

15일차

1. 1) 관련성, 2) 중요도

2. X

3. ⑤

4. 답안 예시 전문적인 통계 자료를 직접 사용하는 대신 이해하기 쉽게 그래프나 도표로 보여줄 수 있습니다. 독자가 시각적으로 정보를 더 쉽게 이해할 수 있기 때문입니다. 설명할 때 실생활의 예를 들어주면 이해가 더 잘 됩니다. 통계 자료를 설명할 때 실생활 예시를 추가하면 독창성도 높일 수 있습니다.

16일차

1. 1) 공정성, 2) 저자, 발행처

2. ④

17일차

1. 지식 재산권

2. O

3. ⑤

4. 답안 예시 인터넷에서 찾은 2차 자료의 원본을 찾지 못했다면, 먼저 그 자료의 출처가 확실한지 확인해야 합니다. 출처가 불명확하거나 찾기 어려우면 그 자료를 사용하지 말고, 같은 주제를 다룬 1차 자료를 새롭게 검색하는 게 좋습니다. 만약 1차 자료를 찾지 못한다면 그 자료를 사용하는 것은 피해서 자료의 신뢰성과 저작권 문제가 생기지 않도록 해야 합니다.

18일차

1. 객관적

2. ③

19일차

1. 1) 쟁점, 2) 근거

2. X

3. ①

20일차

1. 1) O, 2) X

2. 자기성찰

3. ②

21일차

1. 1) 목적, 2) 회귀적

2. ㉠-ⓑ, ㉡-ⓐ, ㉢-ⓒ

22일차

1. 자문자답

2. X

3. ④

4. 답안 예시 글의 도입부에서 사용하면 독자의 관심을 유도하고 흥미를 끌 수 있습니다. 독자는 질문에 대한 답을 찾기 위해 글을 읽기 시작하고 글의 내용을 이해하려는 동기가 생깁니다.

23일차

1. 공통점, 차이점

2. 대조, 비교, 비교, 대조

3. ②

24일차

1. 1) 인과, 2) 해결책

2. 원인, 결과

3. ⑤

4. 답안 예시 인과 관계를 활용해 사회 문제를 분석하면 문제의 원인을 명확히 파악하고 그에 대한 해결책을 제시할 수 있습니다. 예를 들어 청소년 범죄가 증가하는 문제를 해결하기 위해서 가정, 학교, 사회 차원에서 원인을 분석하고, 그 결과로 나타나는 문제를 제시한 뒤 적절한 해결 방안을 제시할 수 있습니다. 가정불화가 청소년 범죄의 주요 원인이라면, 이를 해결하기 위해 상담 프로그램이나 지원 제도를 마련함

으로써 문제를 근본적으로 해결해 나갈 수 있습니다.

25일차

1. 1) 시간, 2) 공간

2. ㉠ ㉣-ⓐ, ㉡ ㉢-ⓑ

3. 답안 예시 시간과 공간의 변화를 아우르며 전개된 글은 독자에게 입체적이고 생동감 있는 경험을 줍니다. 시간의 흐름 속에서 공간의 변화도 함께 일어나기 때문에 독자는 글을 읽으면서 그 사건을 직접 체험하는 듯한 생생한 느낌을 받을 수 있습니다. 그러면 독자의 상상력이 자극되고, 글쓴이가 전하려는 메시지를 더욱 깊이 이해할 수 있게 됩니다.

26일차

1. 1) X, 2) O

2. 글쓴이

3. ⑤

27일차

1. 구조화

2. 하위, 상위

3. X

4. ④

28일차

1. 사실, 의견

2. X

3. ㉠ ㉢-ⓐ, ㉡ ㉣-ⓑ

4. 답안 예시 사실은 실제로 있었던 일이나 현재 상황을 객관적으로 표현한 것으로 누구나 똑같이 인식할 수 있는 정보입니다. 반면 의견은 개인의 생각이나 판단이어서 사람마다 다르게 인식할 수 있습니다. 글에서 이 둘을 함께 사용하면 독자는 객관적인 정보뿐만 아니라 글쓴이의 주관적 관점도 이해할 수 있게 되어서 글의 주제를 더 깊이 이해하고 공감할 수 있습니다.

29일차

1. 1) 주장, 2) 객관성, 신뢰성, 관련성

2. ㉠-ⓑ, ㉡-ⓐ

3. '급식 메뉴 중 가장 인기 있는 것은 불고기 볶음이다.'라는 문장은 '학교는 점심시간을 10분 이상 늘려야 한다.'라는 주장과 관련성이 떨어지는 문장입니다.

30일차

1. 1) 문제, 해결 방안, 2) 실천

2. O

3. ④

4. 답안 예시 독자가 문제의식을 갖고 문제의 심각성을

인식해야 글쓴이가 제시하는 해결 방안을 받아들이고 실천할 수 있습니다. 독자가 문제에 대해 공감하고 관심을 가지게 되면 문제 해결의 필요성을 느끼고 문제 해결의 의지를 갖게 되서 글쓴이가 제시한 해결 방안을 진지하게 고려하고 실천하려고 노력하게 됩니다.

31일차

1. 깨달음

2. ㉠-ⓒ, ㉡-ⓑ, ㉢-ⓐ

32일차

1. 매체

2. O

3. ㉠-ⓒ, ㉡-ⓐ, ㉢-ⓑ

33일차

1. 1) 흐름도, 2) 공통점과 차이점

2. ③

34일차

1. 1) 책임감, 2) 추측

2. O

3. ③

35일차

1. 쓰기 윤리

2. X

3. ⑤

4. 답안 예시 타인의 감정을 배려하며 글을 쓰는 것은 타인에게 상처를 주지 않고, 독자와 긍정적 소통을 하게 하는 데 중요합니다. 그렇게 하려면 글을 쓸 때 상대의 입장을 배려하고, 특정 개인이나 집단을 비하하거나 무시하면 안 됩니다.

36일차

1. X

2. 참신

3. ㉠-ⓒ, ㉡-ⓑ, ㉢-ⓐ

4. 답안 예시 참신하고 다양한 표현을 쓰면 글이 훨씬 매력 있어져서 독자가 글에 쏙 빠져들 수 있습니다. 비유는 어렵거나 복잡한 생각을 구체적으로 설명할 때 좋습니다. 그래서 독자가 글쓴이의 기분이나 상황을 더 잘 느낄 수 있고 반어적 표현은 말하고 싶은 뜻과 반대되는 말을 써서 의외의 재미를 주어 글이 더 특별하게 느껴집니다. 점층적 표현은 내용이 점점 세지고 강해지면서 긴장감을 주고 글 흐름을 탄탄하게 만듭니다.

37일차

1. 원인, 결과

38일차

1. 글, 사진

39일차

1. 1) 공통점, 차이점 2) 벤 다이어그램

42일차

1. 답안 예시 근거1: 스마트폰 사용은 청소년에게 긍정
적인 영향을 미칠 수 있습니다. 스마트폰으로 학습
자료를 쉽게 검색할 수 있고 다양한 교육 앱을 활용
해 학업에 도움을 얻을 수 있습니다.
근거2: 스마트폰은 친구들과의 소통을 통해 사회적
유대감을 형성하는 데도 중요한 역할을 합니다.
근거3: 스마트폰 사용 시간을 자유롭게 허용해 준다
면 더 많은 학습 기회를 얻고, 친구들과의 관계도 더
욱 돈독히 할 수 있게 됩니다.

44일차

다음 달부터 가게의 결제 시스템을 QR코드 결제로
전환합니다.

1. 구매할 물건의 QR코드를 계산대 위의 스마트폰
   카메라로 스캔해요.
2. QR코드가 인식되면, 결제 앱이 자동으로 열립니다.
3. 결제 금액을 확인한 후 '결제하기' 버튼을 누릅니다.

간단하게 결제하는 무인 결제 시스템으로 만나요.

- 그린 식품 -

46일차

1. 주제, 목적
2. 글, 문단, 문장, 단어
3. ①
4. 답안 예시 자기가 쓴 글을 읽을 때는 글쓴이가 의도
한 바를 이미 알고 있어서 이해하기 어려운 부분을
쉽게 지나칠 수 있습니다. 그러나 독자는 글쓴이의
생각을 잘 모를 수 있으므로 독자의 입장에서 읽어
보며 글의 흐름과 설명이 충분한지 확인하는 것이 필
요합니다.

47일차

1. 1) 통일성, 2) 고쳐쓰기

2. 이런 가을에 수학 문제를 열심히 풀면 집중력이 높아
진다는 연구 결과도 있다.

3. 답안 예시 주제와 목적이 명확하게 드러나는지 확인
하고 주제와 무관한 문장이나 문단은 삭제하거나 보
완합니다. 문장과 문단의 연결이 자연스럽고 논리적
으로 이어지는지 살펴보고 전체 글이 하나의 주제로
잘 엮여있는지 확인합니다.

48일차

1. 1) 문단, 2) 중심 3) 응집성
2. 요즘은 독서가 지적인 허세를 채워준다는 점에서 학
생들에게 인기 있는 취미가 되고 있다.
3. 문단의 중심 내용과 뒷받침 내용이 긴밀하게 연결되
어 있어야 문단이 독립된 글로써 완결성을 갖고 글 전
체의 논리적 통일성을 유지할 수 있습니다. 중심 내용
과 관련 없는 내용이 포함되면 문단의 응집성이 떨어
져 독자가 글의 주제를 이해하기 어려워질 수 있기 때
문입니다.

49일차

1. ②
2. '운동을 하면~점이 있다.' : 문장이 지나치게 깁니다,
'그래서~한다.' : 과거시제를 써야 하는데 현재시제
'한다'를 써서 시제가 맞지 않습니다.

50일차

1. ③
2. 어떻해 → 어떡해, 낳을 → 나을, 날라가는 → 날아가는